自然のなかの子育てを語る

ようこそ！森のようちえんへ

今村光章 編著

解放出版社

しきくん
5さいのたんじょうび
おめでとう
かざまるくん
5さいのたんじょうび
おめでとう
りんせいくん
4さいのたんじょうび
おめでとう
あらたくん
5さいのたんじょうび
おめでとう
GRAND CANYON
DEPT
SOMETIME
EAST 23

GAP

三重県…森の風ようちえん
本文5ページ

山梨県…森のようちえんピッコロ 本文13ページ

滋賀県…せた♪森のようちえん　本文21ページ

岐阜県…森のわらべ 多治見園　本文29ページ

愛知県…森のたんけんたい　本文37ページ

神奈川県…もあな☆ちいさな木　本文45ページ

新潟県…Akiha 森のようちえん　本文52ページ

鳥取県…まるたんぼう　本文59ページ

高知県…もみのき幼稚園・めだか園　本文69ページ

岐阜県…ながら幼稚園　本文76ページ

はじめに

ここ数年、森のようちえんがすこしずつ増えて、各地でひそかな「にぎわい」を見せています。ただ、いまだに、森のようちえんを定義することは難しいので、日本全国で何園あるかは定かではありません。それでも、以前にもましてひっそりと増えていることは間違いないでしょう。

そのような「にぎわい」を背景に、テレビや新聞、雑誌などで、森のようちえんが次々に紹介されています。昨今では、ネット上の映像もあるため、私たちは、森のようちえんで活動する子どもたちの姿をたやすく見ることができます。

しかし、森のようちえんの保育者たちは、どのような願いをもってこうした保育に取り組んでいるのでしょうか。そうした胸に抱いた思いを記した書物はありませんでした。保育に取り組む人たちの生の声は、なかなか一般の方には届いていなかったのです。

そのため、森のようちえん関係者や保育者（幼稚園教諭・保育士）、ならびに、研究者を読者対象として、**『森のようちえん―自然のなかで子育てを』**（解放出版社、二〇一一年）を出版しました。この書には、行事型森のようちえんの設立経緯や日本とドイツの森のようちえんの訪問記などが盛りこまれ、手前みそながら、ある一定の情報提供の役割を果たせました。

しかしながら、それぞれの森のようちえんの保育者の思いを十分に盛りこむことはできませんでした。残念ながら、森のようちえんの魅力を十分には伝えきれていなかったのです。そこで、今、ここに、森のようちえんの実践者の声を生でお伝えする『**ようこそ！ 森のようちえんへ—自然のなかの子育てを語る**』をお届けしたいと思います。

森のようちえんの保育者たちが、日々、どのような思いで保育を行っているのか。なぜ、どのような経緯を経て、どんな困難を乗り越えて、こうした保育にたどりついたのか。これから森のようちえんはどこへ向かおうとしているのか。言葉にすることは極めて困難ですが、本書では読者の皆さまに森のようちえん実践者たちの思いをきちんと届けたいと思います。

森のようちえんには共通となる土台がありますが、とても多様です。ですから、まずは、そうした多様性を感じていただきたいと思います。また、森のようちえんが、通常の幼稚園や保育所と対立している概念であると誤解されることもあります。しかし、けっしてそうではありません。普通の幼稚園や保育所でも、もちろん、こうした「森のようちえん（的）活動」はできるのです。そのこともお伝えしたいと考えています。

こうした「森の保育」があるということ、ならびに、「ひっそり」とではあるけれど、それに真摯《しんし》に取り組んでいる保育者が存在することを伝えたいと思います。そして、森のようちえんの「にぎわい」に少しばかりでも貢献できればと願っています。

編　者

ようこそ！　森のようちえんへ　もくじ

はじめに　i

第Ⅰ部　森の保育を語る　5

第1章　森のようちえんには「すべて」がある！　三重県…森の風ようちえん　嘉成頼子　5
第2章　自分で考え自分で決める！　山梨県…森のようちえんピッコロ　中島久美子　13
第3章　自分たちで生活をつくれるように！　滋賀県…せた♪森のようちえん　西澤彩木　21
第4章　お母さんと森のようちえん　岐阜県…森のわらべ　多治見園　浅井智子　29
第5章　自然とくらしのつながりを日常的に実感　愛知県…森のたんけんたい　小林直美　37
第6章　保育園だからこそできること　神奈川県…もあな☆ちいさな木　野村直子　45
第7章　「Ａｋｉｈａ森のようちえん」から「里山子育て支援センター」への思い　新潟県…Ａｋｉｈａ森のようちえん　原　淳一　52
第8章　森のようちえんを運営する力　鳥取県…まるたんぼう　西村早栄子　59
第9章　普通の幼稚園が森のようちえんに変身！　高知県…もみのき幼稚園・めだか園　兵等弥生　69
第10章　温かさに囲まれて森の中できらきらと駆ける　岐阜県…ながら幼稚園　大矢美佳　76

第Ⅱ部　もっと森のようちえんを知るために　84

第11章　森のようちえんの運営形態について　京エコロジーセンター　白戸渓子　84

第12章　森で子どもと未来を育む　京都教育大学　岡部美香　91

第13章　なぜ、いま、森のようちえんなのか　岐阜大学　今村光章　98

第14章　日本型？　森のようちえん　森のようちえん全国ネットワーク 運営委員長　内田幸一　107

おわりに　117

執筆者一覧　118

第Ⅰ部◉森の保育を語る

第1章
森のようちえんには「すべて」がある！
子どもたちから学んだこと

三重県…森の風ようちえん　園長
嘉成頼子

森のようちえんの魅力やそこで起きることを言葉で説明することは困難です。なぜなら、そこには「すべて」があるからです。生きることのすべてがあるのです。「来てみてください」「一緒に歩いてください」「感じてください」と申し上げたい。

◎道のない醍醐味

その醍醐味《だいごみ》は「歩く先に道はない」ということです。空を見て、雲の動きを見て、子どもたちの様子を見て、昨日からの流れを考えながら、すべてを感じて「風を読む」のです。毎日、リュックサックにおにぎりとお茶、着替え、レインウエアを入れて歩きます。雨の日も風の日も歩きます。毎日同じ山を眺めますが、一日たりとも同じ山の様子はありません。毎日違うのです。そうです。毎日が違うのです。今日は北に向かって歩く、今日は南へと歩けば必ず、向こうから楽しいことがやってきます。もちろん予想は立てるのです。秋が深まってきたらあそこには落ち葉がいっぱいだろうな……とか、そろそろ冬イチゴが食べられるとか、夏を感じるころになるとハチクが出ているかなとか。でもその予想をはるかに超えて、心も体も揺さぶられる出来事が待っています。「お～‼」「わぁ～‼」「え～‼」という感嘆詞の世界です。毎日、一日たりとも同じ日はなく、期待は裏切られないのです。それは「いのち」のきらめきに満ちています。そして、私たちの歩いた後に道ができるのです。

このことは文字どおり道なき道を探険して歩くときのことでもありますが、園庭をもたない森のようちえんの歩みについてもいえるのです。おそらく一〇〇を超える森のようちえん活動が日本でも展開されていることでしょうが、おかれている環境や条件が皆違いますから、それぞれの園は多様性に満ちています。しかし、コピーやマニュアルによって運営できないという点では同じなのではないかと思うのです。唯一の先生、読み取らなければならないものは「自然」であり「今、ここにいる子どもたち」だということです。このことが私に「え？　子どもたちはこんなにできるんだ、こんな存在だったんだ」という驚きを与えてくれ、予想もしなかった風景を見ることができるように導いてくれました。

◎森の風ようちえんの場合

私は学校法人の私立幼稚園で仕事をしていました。ちょうど青少年の殺人事件が大きく報道され、社会がみな傷ついていたころでした。「いのちの感覚」の薄れてしまった社会を感じました。教育現場での知識の切り売りや小手先のことでは間に合わない、子どもたちを自然に委ねるしかないと園庭の固定遊具を取り除き四〇〇本の苗木を植え、森を作り、井戸を掘り小川を流しました。それだけでも子どもたちの遊ぶ姿は変わりました。「外に遊びに行きたくない」という子はいなくなり、年中泥んこや水で遊ぶ姿が見られるようになり、小さな森にはメジロやシジュウカラの群れが渡ってくるようになりました。クワガタも見つかりました。少なくとも固定遊具で埋め尽くされている園庭よりはるかに「いのち」や「つながり」を感じることのできる場となりました。

私の中にさらに「いのち」の源流に近づきたいと衝動のような思いが起こりました。「いのち」のほとばしりでる場。自分の手足を動かし、体中の感覚がさえわたり、生きている喜びにあふれるような場。そのような場に子どもたちを委ねたいと願ったのです。

そして、私の場所として与えられたのが「森の風ようちえん」でした。たまたま、奇跡のように、私の戸惑いをよそに、田舎のスーパーだった建物を素敵な木の園舎に作り替えて貸してくださる方があり、私たちには、雨露しのげるどころか落ち着きのある住まいが与えられました。毎朝ここに集まり、出発します。

ここは小さな里の中にあります。私は森のようちえんの発祥の地であるデンマークやドイツには行ったことがありません。でも、子どもと環境とそれを見守る大人がいれば、「保育・教育」ということが成立するということのヒントをもらいました。ただし、北欧は「森の文化」ですが、日本は「里の文化」です。日本には日本の気候風土があり、その中で私たちの先祖は生活の知恵を積み重ね、生活の技を体に刻みこみ、生活文化を作り上げてきました。それはおそらく世界の中でたぐいまれな自然の習いに従い、自然の中に溶けこみ、自然と共に生きる謙虚な姿だったであろうと思います。里山というのはまさにそのような場所です。山から燃料となるものをもらい、水を引いてきて、田んぼを作り、それを管理し作物を作る。里山といわれる場所は「わら草履をはいて、はだしで走りまわっとったんやで、それでも危なくなかった」と言われるくらい大切に管理、維持されてきたところでした。まさに大切な生活遺産、財産でした。そこには、「きずな、きずなっていうけどさ、おれら昔からあったわさ」と在所(地域)のおじいさんが言われるように、在所には共に生きる姿が今もあります。その中で子どもたちも守られています。日本で森のようちえんといったときにそのようなことも含めた環境の中にいる恵みを感じざるを得ません。

「教育」とはその子が快適に自分の暮らしを営んでいくことができるように援助し見守っていく、あるいは保障していくことではないかと思っています。ようちえん(幼稚園・保育園)とは子どもたちが自分たちで作り上げる生活の場であり、それは将来の社会の図でもあると思うのです。社会、つまり「暮らしの場」ということを強く意識したのは「森の風ようちえん」を始めて五年経つころでした。

◎遊びは人として暮らしはじめるため

原野に戻ってしまった田んぼを開墾して米作りを始めた場所は谷戸《やと》で、すっぽりと何かに守られているような場所です。稲刈りも終わり、鈴鹿《すずか》の山が雪を頂くころ、暖をとるためによくたき火をします。おみそ汁をここで作ることもあります。子どもたちが必ず火の回りにやってきます。どこからか枯れ草や長い棒を持ってきては「入れてもいい?」と尋ねます。保育者が「いいよ」と言うと、子どもはいろいろ持ってきては火の中に入れます。そして、そのうち長い棒きれの先を火にかざし火がつくと持ち出し、振って火を消します。煙が立つ、繰り返しそれを楽しみます。枯れ草を集めて小さなたき火を作りはじめます。みんな、してみたいのです。

子どもの中には、ちゃんと段取りまでして、火を起こし、火を育てることができるようになる子もいます。そうなるとそれはもう仕事です。炎が目に見えなくなると他の子は「マッチ、マッチ」と言うのですが、この子は「大丈夫」と言って枯れ草を少し乗せ、中心に向かって息を吹きかけます。「きたきた」と言うときには炎が見える寸前です。

火をたくには、順序があって段取りが必要です。私はこの様子をじっと眺めながらあらためて、「なぜ子どもたちは火遊びが好きなのだろう……」とぼんやり考えていました。「なんだ！　そうか！　人間になるためだ！」と大きく納得しました。火を扱うことができるのは人間だけです。

「ひと」とは火が留まるから「ひと」というのだと聞いたこともあります。そう思ってもう一度、子どもたちの遊ぶ様子を思い浮かべました。子どもたちが必ずする水遊び……水路を作り、いろいろな物を流してみたり、ためてみたり……穴を掘って、土をこね、泥を作る泥遊び。ケーキを作ったり、お団子にしたり……次々といろいろな物に発展していきます。木切れを持つことも好きです。何本も集めてきます。山に入ると必ず手に手に木の枝を持って出てきます。それが釣りざおになったり、剣になったり、たくさん集めて隠れ家を作り出したり……。高い所に登ることも好きです。木でも大きな岩でも、登りたい。登ったら飛び降りたくなります。石を持つと投げたくなります。

そのような子どもたちが必ずする水遊び、火遊び、泥遊び、木で遊ぶなどは、暮らしの基本である、火や水を管理し、土を耕し、木で家を造るといったことにつながっているではありませんか。子どもたちの遊びは暮らしに結びつくものだとあらためて「発見」しました。納得したのです。子どもたちは生きるために必要な練習をしていると。男の子たちは狩猟や挑戦に向かい、女の子たちは採集や物の整理、創作へと向かう遊びをするのも面白いことです。

そのようなことが自然の中で、人工物のない所で遊んでいると、とてもシンプルにみえてくることに気が付きました。子どもたちのしていることには無駄がなく必要なことだということです。

◎体の力は精神の力

そして、そのような野遊びの延長として子どもたちは働くことが好きなのです。田んぼや畑の仕事を自分たちの仕事と心え、一生懸命楽しんでします。これも発見でした。一時間半、嬉々として九枚の苗箱の苗を植えます。一時間半、泥の田んぼの中を歩くというだけでも大変なことです。その間、気力もなえることなく、頭から泥んこになり、楽しんで田植えをしている子どもたち。その姿にハッとしました。精神力というけれど、それは体の力なのだと。意欲、集中力、忍耐力、持続力、創造力などの力は体がもっているものなのだということ、精神と体は一つということが明確になった瞬間でした。

子どもたちの中に、いつそのような力が育っていったのかあらためて考えると、それは毎日歩き、斜面を駆け上り、飛び降り……しているうちに体が育っていたのです。やらされてではなく、自分たちで

自分たちの田んぼに自分たちのお米を育てます

「やってみたい！」の気持ちだけで遊んでいったら、そうなっていたのです。子どもたちの「やってみたい」や「あれなんだろう」を受け止め、しっかり応えてくれるのは自然の懐の深さです。

汐見稔幸《しおみとしゆき》先生（白梅学園大学学長）が「技としての好奇心がいっぱい詰まった体を育ててください」と言われたことが私の中に強く残っています。「技としての好奇心」とは一体どんなことか……子どもたちの姿を見ていてわかりました。たとえば「おっ、魚！」と思ったときにそこへ向かって全神経、すべての感覚が集中します。そして、それを捕まえるとなると、さらに神経を集中させ感覚を研ぎ澄まし体を動かします。自分の中に飛びこんできた「いのち」のきらめきに満ちたもの、美しいもの、不思議なもの、興味をそそるものに対して向かっていくあの感覚は、体のもっている技です。その感覚は技として細胞レベルに刻みこまれ生涯の宝となります。それは大人になったときの仕事へ向かっていく、技につながっています。

◎「自分」という確かな感覚が育つ

数年前から、年長組になると里山だけではなく本格的に山登りをするようになりました。

最初は自分たちの生活の場所を眺めたいということでしたが、子どもたちはさらに高い所へ登りたいと言いました。「では」と、次々に八〇〇m、九〇〇m、ついに一〇〇〇mの山に登りました。また、山の中の何もない所でキャンプもしました。自分たちの力で挑戦し、当然のごとく助け合いながら登るということが格別に子どもたちに達成感と自信を与え、仲間意識を高めさせていきました。

子どもたちの体つきはずんぐりむっくりになって、土踏まずがしっかりできました。存在感のくっきりした子どもたちが育っています。

しかも、体の中に心棒のようなものができているように感じるのです。その心棒を足元から深く掘り下げていくと地球の中心に向かいます。また頭を突き抜けて天に向かいます。そして子どもたちは、自然の中にいるとき、自ら友達に手を貸します。小さい子のリュックを下からそっと支えます。肩から伸びている両の手は人とつながり働くものだということが子どもたちの姿からわかります。

地球の中心へ向かう垂線と肩から横に伸びる線の交わるところ、そこに「自分」の中心があります。仲間と歩き回り、手を動かし遊びながら、自分自身とも周囲の「いのち」ともしっかり関わり、子どもたちは「自分」という感覚を体の中で確かなものとしていくのです。

今、「森の風ようちえん」を始めるときには予想もしなかった地平に立っています。そして、目路遥か彼方に希望がみえています。人々が生きてきた歴史の延長線上に確かに生かされていることのありがたさを感じます。山や森の中で、田や畑に祝福された「いのち」との出合い、喜びがあります。生きることの確かさが手に取れるのです。何を子どもたちに残していけばよいのか、今、はっきりとわかります。

これが森のようちえんに抱いている私の希望です。あなたも森の中を歩いてみてください。出会う人と話してみてください。あなたの歩いた後にも心地よい道ができていきますように。

第2章 自分で考え自分で決める！

大事なことは言葉で言わない！

山梨県…森のようちえんピッコロ 代表
中島久美子

「お母さんが、お店で白いお皿にのったお魚を買ってくるから、僕は殺してない！」

これは東京の三歳児の言葉です。クラスの子どもたちに食物連鎖の話をしていたときでした。私はとても驚き戸惑いました。自分も含めて「自然や命と生活とが離れすぎている」と感じ、都市の生活に危機感をもちました。

人間は他の「いのち」を犠牲にしなければ生きていけません。だからこそ感謝の気持ちが生まれ、謙虚さも芽生えます。「殺してない！」と言ったその子どもの言葉が、私には「僕はいい子だ。殺すのは悪いことだ」とも聞こえました。

そのような違和感が元になり、森のようちえんピッコロは立ち上がりました。

◎立ち上げから現在の経緯

私は二〇代の頃から、自分の保育は社会に通用するのかなと考えていました。幼稚園教諭をはじめとしてさまざまな経験を積み重ね、二〇〇六年に、自分の子どもは自分で育てたいという一人のお母さんに出会いました。そして森のようちえんを設立しました。いとも簡単に森のようちえんピッコロは立ち上がったといえます。

ですが、その先が大変でした。園児が集まらなかったのです。チラシ、クチコミ、イベント、考えられるありとあらゆる手段を使いました。しかしながら、昨日も今日も園児は二人という日が何カ月も続きました。

立ち上げのきっかけになった子どもは年少組で預かりました。このまま就学前に集団生活を経験させてあげたいと焦りました。このまま小学校に送り出さなくてはならない場面を想像して、いつもクラクラしていました。悪戦苦闘の末に、二年後には園児数が二〇名になり、ほっとしました。そして、本当の意味での社会のニーズを知りました。

現在の概要をごく簡単に書いておきます。保育日は、火曜日から金曜日まで。保育時間は、九時三〇分から一四時三〇分までです。二〇一三年現在、園児は三〇名。保育スタッフは五名います。保育料金は、月に二万円です。

歩けないと泣く子を年長児がおんぶ

◎子どもを信じて待つ保育

「子どもを信じて待つ保育」とは、大人が先導せず子どもに任せる保育です。子どもは未熟ではありません。考える力、困難を乗り越える力、友を思いやる心、そのすべては大人の想像をはるかに越えています。そして子どもには「自分で考え自分で決める」力もあります。それは人間が本来もつ力であり、その姿には喜びや美しささえ感じられます。

森のようちえんピッコロの子どもたちを見ると、子どもという概念が変わるかもしれません。自己をもったできあがった一人の人間にみえるからです。また、子どもは親が育てるものだとも思っています。恐ろしいことに大人が育たないと子どもは育たないそうです。森のようちえんピッコロは自主運営の幼児教育施設で、なぜか子どもも大人も自ら育ってしまう場所なのです。

◎北風のパン遠足

森のようちえんピッコロは八ヶ岳の麓にあります。ですから厳冬期には、八ヶ岳オロシが吹きつけます。冬のある日、近所のパン屋で集合し自分でパンを買って園に帰るというパン遠足をしました。年少組は初めての越冬で泣く子もいます。その日は、年少組のやえちゃんが泣いてしまいました。「長靴に雪が入り冷たい」と言うのです。雪を出してもまた入ります。その日、替えの長靴を持ち合わせてなく、どうすることもできませんでした。

私は列の先頭を見に行き、ふと振り返ると年中組のきーちゃんがやえちゃんと手をつないでいました。その日はいつも面倒をみてくれる年長組がいませんでした、違うコースを歩いていたのです。かわりに小さかったきーちゃんが年少組の面倒をみている姿に感動していると、きーちゃんがこう言いました。「どうして手袋しないで、手つないでいると思う?」と。「えっ」と思い、あらためて二人の手を見ました。外側の手に手袋をはめ，その手に内側の手袋を持って、たしかに二人とも素手でつないでいました。

私は「わからない」と言いました。すると、きーちゃんは「やえちゃんが手も寒いと言うから」と言いました。でも、寒いのに素手？　寒いなら手袋をしたほうが温かいでしょと私は思いました。すると、その私の心を読んだかのようにきーちゃんが言ったのです。「手袋しないで、手つないでいるとだんだんポカポカしてくるんだよ」と。

申し訳ないのですが、この言葉が私にはすぐ理解できませんでした。「え！　素手のほうが温かい？そんなバカな」。そこで、しつこくやえちゃんにも聞いたのです。「手袋しないとあったかいの？」。やえちゃんは小さな声で「うん」と言いました。そして、少し笑ったのです。え！　これ本当ですね。しかし、素手のほうが温かいなんて信じられませんでした。

ですが、これが体験ということなのです。彼女は経験からわかったのでしょう、私が経験不足だっただけでした。きーちゃんの手の甲は八ヶ岳オロシに吹かれて真っ赤になっていました。やえちゃんの手を後ろに隠し風から守っているからです。私だって歩くのが嫌になるくらい寒いのですから、きーちゃんも寒いはずです。そのきーちゃんが自分の寒さを耐えてやえちゃんを守る。嫌も言わずに普通に歩く。しかも、やえちゃんの手を素手で温めている。それが四歳児です。負けたと思いました。今までのきーちゃんが私の頭の中で走馬灯のように走り、目頭が熱くなりました。

◎助けてもらった経験がとても大事

きーちゃんは三月生まれでした。年少組のときはできないことがたくさんありました。人一倍、年長組に助けてもらった子です。きーちゃんは、森の神様は当時年長組のきりゅう君だと思っていました。

どこで泣いていても、ヒュッとどこからか飛んできて、「どうした？ 痛い？ 大丈夫、大丈夫」となぐさめ、サーッと行ってしまったきりゅう君。他の年長組も全員、彼女を優しく助けました。

そんななかで彼女は育ったのです。私は、できなくて助けてもらった経験や友が心を寄せてくれる経験がとても大事なことではないかと感じています。長い人生、こんな時期があっていい。だから年少組があるとさえ今は思えるのです。きーちゃんには年少組のとき、どれだけすごいものが積まれていたのでしょう。風に吹かれた赤いほっぺが妙にたくましく、そして私から少し遠ざかったように思えました。

年少組は寒くて泣きますが、年中組になると泣く子はいません。やせ我慢でも何でもなく本当に大丈夫なのです。回す濡れタオルが瞬時に凍るほど寒かろうが、一歩歩くと二歩下がってしまうような急坂だろうが、へっちゃらです。先日も年少組のわこちゃんが風に向かって「寒い！」と怒っていました。年中組はクスクス笑っています。一年前の自分を思い出し、しかしすでに自分たちはそれを越えているのです。「風に怒っても仕方ない、自分が変わるしかない」。こんな大事なことを自ら学んだのでした。

これはお母さんに怒るのとは違います。人間がコントロールできない力がこの世にはあります。人間はその力の下で生かされています。子どもたちはそれを理解し、大きな力と自分の関係を整理していきます。そして変わるのです。

◎自分のボタンは自分で押す

子どもが「寒い」と言ってきたとき、私は「上着を着たら」という提案はしないようにしています。自分の体くらい自分で守れる子になってほしいと思っているからです。「寒い」と言う子に「寒いね」

と共感して、「どうしようか」と対応します。

すると子どもたちはいろいろなことを言います。「着る」「やたら走る」「帰りに暖かい服を買ってもらう」。暑い場合もそうです。「暑いね、どうしようか」「脱ぐ」「日陰で遊ぶ」「明日うちわを持ってくる」など、いろいろです。そこで考える力と多様性が養われます。

そして同時に心も強くなります。「濡れても我慢する」「痛くても笑えば大丈夫」、頼もしい言葉です。そんなとき、いつも私は子どもの顔が美しいと感じるのです。なぜ美しいのかをずっと考えていましたが、先日、目からうろこが落ちました。「自律している人は美しい」という言葉をいただいたのです。誰に言われたわけでもなく彼らは自分の判断で大丈夫だと決めています。だから美しいのか――私は妙に納得しました。

自分のボタンは自分で押さないといけません。大人は子どものボタンを押さないように我慢しないといけません。一生、押し続けてあげることはできないからです。

子どものボタンを押してあげる保育者がいい保育者のように一見思えますが、ピッコロで七年間保育を続けてみて、それは違うと感じました。子どもは自分でボタンを押すことができないのではないかと見くびっていただけでした。子どもはボタンを押すことができます。そして押したがっていると思います。

◎大事なことは言葉で言わない保育

年少組が進級するとき、ほとんどの子がこう言います。「新入園児に優しくする」と。

「どうして?」と理由を尋ねると「○○君が優しくしてくれたから」と答えます。やはりみんな相当困っていたのですね。

私たちは子どもたちの何を育てたいのでしょうか。かなり多くの親がわが子に望む像に「思いやりのある子」があります。でも、「誰かが困っているときは親切にしてあげるのよ」といくら言ってもだめですね。どうしたらその子が自ら親切にしたいと思うのか。そこを考えたいのです。

昨年、男子のあいだでカード遊びがはやりました。森でもカードを持っています。カードを頭ごなしに悪いとは言いませんが、なぜか私の心はざわつくのです。次々購入し産業戦略にはまってしまうという危機感からでしょうか。ピッコロでは、「カード禁止」と言えば一分ですむところを「どうしたら子どもたちが自らカードを持ってこないと思えるか」という保育をしました。保育スタッフで何度も話し合い、なかなかシナリオどおりにはいかず、かなりおもしろい展開になりました。数カ月かかりましたが、結局、今は持ってこなくなっています。ただ、また持ってくるかもしれません。その場合はまた違う保育を考えます。

命に関わることは大人が厳しく禁止します。しかしそれ以外のことは大人が決めて子どもが守るのではなく、自分たちで生活を作っていってほしいのです。

◎自分で考え、自分で決める

幼児に自分で決めさせるととんでもないことになると思う方はいませんか。でも残念ながらそれは違います。時間はかかりますが、共感し、指示せず、子どもを信じると誰が教えたわけでもなく、子どもたちは真の正しさに向かいます。

子どもが正しさに向かうのはジャガイモの芽が太陽へ向かって伸びるのと同様、自然の摂理なのでしょう。だから子どもはすごいと思います。想像以上によくわかっているからです。子どもの深い正しさを知ると大人の皆さんはきっと大人でいることがいやになると思います、私は毎日いやですから（笑）。大人が敷いたレールに乗り続け、残念ながら挫折した若者はこう言いました。「自分で決めて自分で失敗したかった」と。失敗さえさせてあげられなかった社会に涙がでました。森のようちえんピッコロは小学校で困らないためにあるのではありません。

強いていえば生きるのに困らないため、その結果、小学校でも困らないといいと思っています。小学校のために我慢、中学校のために我慢、高校のため、大学、就職、結婚、果ては老後のため、さて人間はいつ「今」を生きるのでしょうか。

他者に左右されず自分の「生」を生きること、当たり前のことのようですが、現実には難しいことが多い。それをピッコロでは幼児期からできるだけ用意してあげたいと思っています。自分で考え、自分で決めて、自分で失敗して、自分で乗り越える。まずはそこからだと思います。

第3章
自分たちで生活をつくれるように！
一人ひとりの「今」を支える！

滋賀県…せた♪森のようちえん 代表
西澤彩木

◎ありのままから生活を

森では、朝、やりたいことや行きたい所を出し合って相談することから始めています。歩きはじめて自然との偶然の出合いからやりたいことがうまれるのは森のようちえんの魅力の一つですが、その積み重ねから、まずは思いをもつこと、それを出し合って自分たちで決めていくことを大事にしたいと思っています。

「土粘土がなくなったから採りにいく」「剣をつくれる枝（間伐材）がこっちにはないから、別のところにいきたい」――経験を重ねたら重ねただけ、その思いは強くなります。でも、決めたとおりにはいかなくて、「竹林へいけなかったから明日こそ」「〇〇ちゃんのしたかったことできなかったから、今日は森の奥」なんてことも。

みんなで話をしようとすると、脱線したり、聞いてなかったり、とにかく言いたいだけだったり、生きものに出合って中断したり、それぞれの子どもの年齢や発達、経験でいろんな姿がでてきます。そこを大人が整えていくのは簡単ですが、聞いてもらえなくて困るというのは子どもが感じること。聞いてもらえないとその日やりたいことが決められない、その「困り感」がうまれてほしいと願っています。

そこまで待つことができるのは、ゆったりと流れる「森時間」だからということと、少人数だからだと思います。誰から言うかでまずひと悶着《もんちゃく》、そのうち順番というやり方がうまれ、そのためにバラバラに座るより「ハートの形（みんなが見える○の形）のほうがいい！」と気づく。もちろん子どもだけでそこに行きつくのは大変なので、大人もときどき言葉をはさんできましたが……。

新入さんを迎えることになったとき、ちょっと迷いました。子どもたちは枯れて切り倒されたヒノキを切って、マイ椅子をつくっていました。新入さんの分を子どもたちと用意するところまでできないまま、その日を迎えました。

大人が切っておこうかなと思いましたが、ここまで子どもと考えてきたので、やっぱり勝手にはしたくない。でも、新入さんには、初めての森を、自らのりだして動いてほしいから、朝からそこまで長い時間お付き合いさせるのはどうか、あれこれ葛藤しましたが、その日の流れにまかせると……やはり「あ、足りない」と気づき、「つくる！」という気持ちがうまれました。

さすがに簡単な作業ではないので大人が手伝いました。こんなふうに子どもと共に、「必然から考えていける」ところに、とっても魅力を感じて保育しています。

アスレチックをつくる！

最近は「お名前を呼びたい人」が、誰がどう呼ぶかで毎回困り、「この日は誰と誰」と自分たちで決めました。そのとおりにやってみたら、今までになくスムーズな進行。カタチになることがいいとは限りません。それでもここまできたかーと感慨にひたっていましたら、次の日、今までその話には黙っていた年少児が「呼びたい！」と言って考え直し。「やっぱり先に決めないほうがいい」と戻りました。遊び場所については、年長児を中心に自分たちだけで決めきるようにもなってきました。どこまでを大人が手伝って、どこからまかせていくか、そのさじ加減が難しいですが、いつも一緒に生活をしているスタッフ間で、子どもの見とりを共有しながらすすめています。

子どものための「ようちえん」なのだから、決まりをつくるのは子ども。それは子どもたちが必要からつくりだすもの。そのときによって変えていくもの。大人はそうできるように支えること、なのだと思っています。でもそれは子どもにとって、とてもしんどいことでもあります。

「好きな時間に好きな場所でお弁当食べるの？　自由でいいですね」と言われることがありますが、いえ、そうと決まるまでにひと騒動。食べるときも、みんなが「いいよ」と言ってくれないとだめだし、ハンモックで食べたいと必死になっておにぎりも自分も転がり、やがて「ハンモックはやめとこう」と決める。行きたい所に行って遊ぶといっても、みんなの意見はなかなかそろわないし、その調整の仕方さえわからないところから始まっています。もう、大人が決めたとおりに動くほうが断然楽！　です。

一人ひとりの「今」の支え方はさらに難しい。一人ではできないおうちや秘密基地を友達と一緒に作りたい年長児が「組み立ててあそぶもの」として、巧技台や大型積木がよくできた教材として園にはありました。

森ではそこらへんに転がっている枝や間伐材を使って同じようなことをしようとする。やっぱり発達って同じだなあと感動するのもそこそこに、さて、積木とちがって一つとして同じ枝もなく、簡単に組み合わせることもできないその材は、果たして子どもが挑戦しようとしていることに適度なものだろうか。やろうとしていることを支えるために、どこまで大人が手を添えるか。今は達成感が大事か？　それとも失敗経験か？　年少児がその横で刺激を受ける経験もいいけれど、やっぱりこの時期は、自分のやりたいことに一人でもどっぷり遊びこむことを大事にしたいし、といつも悩みの連続です。

でも、そういうことも含めて「ありのまま」から保育を組み立てていくことができる、そこがやっぱり魅力です。森では保育者以外の魅力的な大人にもたくさん出会います。森のお手入れをされている方、一般の方、子どもの隣でいろいろ作っている大人、そういう出会いすべてが「必然」であり、ありがたいです。保育者の意図や願いも大切だけれど、それを超えるものがたくさんたくさんあります。

◎子どもは自然、大人は……

自然の中で遊ぶ魅力は、やってみると実感！　動植物との出合いだけとっても、ハチが針を朽木に刺したり抜いたりしている場面、カマキリが卵を産み付ける瞬間、カナヘビがコオロギを、ヘビがカエルをくわえているところ、ドングリが月日をかけて根をはっていく様子、静かな冬からいっきに命が動き出すのを感じる春――挙げきれませんが、すごいと思うのは、それらを淡々と受け入れる子どもの姿です。じーっと観察し、あれこれ言ったりもしますが、最後は当たり前のことでもいう感じで出合いを終えます。

雨も魅力です。シート屋根の雨を集める、木々の雨を浴びる、雨でもハンモックをつりたい、雨音、川音しかしない森にとけこんで、雨でできた川の流れで遊ぶ……、大人だったら絶対しない労力をかけ全力を出し切る子どもたちに大人の常識は簡単にひっくりかえります。

でも、大人の意図を超えた仕組めない自然に学ぶ魅力と共に、怖さも実感する日々です。危険な動植物も隣り合わせ、雷や低体温の怖さも子どもまかせではいられない、大人の判断は常に緊張です。冬の雨は本当に冷たく、体を動かせば温まることがわかって実践している子でさえ、カッパの中まで濡れて限界に達することがありました。だんだんと口数も減って、手も足も固まりかけ、いよいよ着替えに。こうしたギリギリ体験は大人もその見極めが試されます。

次の日は雪になり、そうすると濡れ方がちがって活動が続けられました。ぐるぐる走り回って温まり、子ども自身も振り返ります。「昨日は、固まってしまって幽霊（どうしていいかわからず身動きできない状態）になったなあー」。これは体感した本人にしかわからない感覚、言葉です。教えてわかることでは絶対にありません。昨日あっての今日。絵本に出てくるリスがぐるぐる走り回る姿に、自分たちを重ねあわせ、みんなで大笑いして忘れられない経験になりました。自然そのものの子どもと、自然からちょっと離れてしまった大人が、一緒に森で学んでいます。

◎はじめに子どもありき

受験戦争、いじめ、自殺、不登校といった課題をかかえる学校教育全体が「ゆとり」へかじを切った時代に、私は幼児教育を学びました。幼稚園教育においては、子どもが自ら心動いたことに主体的に取り組む、そのために環境を整え援助を考えることが大事にされ、教育実習では徹底的に「子どもを知ること」をたたきこまれました。子ども理解なしに、指導案も作成できないし保育はできないということです。

学習内容の定められている小学校以上の教育と違って、その時期の発達を理解して適切な環境を整え、「ねらい・内容」にせまる支えをすることがどれほど高度なことか思い知り、落ちこむ期間でした。でも「幼児教育ってすごい」。これが私の保育の原点となりました。

幼稚園教員になり、ざるで水をくもうと無言で繰り返す三歳児の試行錯誤に寄り添い、思いをぶつけあって傷みを知る四歳児と体をはって向き合い、やりとりし役割分担し、友達とすすめる遊びが楽しくなってきた五歳児の希望からおうちの方や小学生を呼ぶお店屋さんを計画するなど、一人ひとりの「今」をとらえて明日の保育を組み立てるという、指導計画や行事ありきでない保育はやりがいのある仕事でした。そのうち小一プロブレムや中一ギャップなどといわれはじめ、幼稚園だけのことを考えていてはいられなくなりました。幼稚園の学び方を理解してもらい、一人ひとりの育ちを幼小中・特別支援の先生と語り、活動・授業を共につくり、純粋に丁寧に子どもの学びを追究できた十数年の教員時代でした。

ですが今は「脱ゆとり」。その振り子の戻り方に、「そんな簡単な答えの出し方をされたくない！　教育の不易の部分は大事にされるべき！」と違和感を感じています。

幼稚園退職後、出合った森のようちえん。その森のようちえんの指導者養成講座では、「そうそう、そう思ってやってきた！　それなのに！」と涙が流れました。そこで出会った方たちに衝撃をうけ、森のようちえんをめぐる旅にでました。その後、自主保育をされているお母さんと子どもたち、さらに公園の森をお手入れされている方々にお出会いでき、共に子どもたちを支えてくださる方々にも恵まれ、

「せた♪森のようちえん」として保育を始めることになりました。

現在は、滋賀県立公園の森と私有地の田畑を主な活動場所として、せた♪森のようちえん（森のようちえんクラス「どろだるま」週三日、満三歳児から。森の休日クラス「どようの森」月二回、満四歳児から、九時半～一五時、一五名程度、月謝制、保育者数名と学生ボランティアで保育。森のおさんぽクラス「おやこの森」月一回、満三歳児未満の親子）を実施しています。自然と人の暮らしに触れながら、保育の組み立ては試行錯誤です。「幼稚園」としても大変魅力的ですし、休日クラスもやってみてその意義を感じています。

また、ぎふ☆森のようちえん（岐阜市）では、小学生クラスも担当しています。教えられることが増える小学生こそ、子ども自身がやりたいことや必要を感じてする学びでありたいと常々願ってきましたが、学校では学習内容すべてをそのやり方で学ぶことは難しい。行事型であっても継続して活動することで、「森」が担えることがあるのではと感じています。学校園で培われた力を森で発揮することもあり、逆に日常に揺さぶりをかけられることもあります。幼児期に大切にしたいことが洗い出されることもあるのです。

運営面や保育内容も手探りの状態で、森のようちえんの魅力を語るにはまだまだです。でも、保育者の意図をこえた自然や人との出会いを、そのとき子どもたちが願っているものとすりあわせ、その時期に必要な学びに結びつけていけるか。難しいことですが、保育者にとってはこのうえない魅力的な保育現場です。

のこぎりで苦労して何度もあきらめたり挑戦したりしてきた時間があるから、友達がどこを助けてほしいと思うかがわかりさりげなく支える手。まだ言葉で思いを伝えあうことが少ないのに、友達の思いがわかると黙ってさっと水をくみにいってくれる瞬間。言えなかった思いが強くなり相手をたたくとき。つかみ合ってけんかして思いを感じ合う場面。大人ぬきで困りごとを解決しだした記念すべき瞬間……。

年下の子が入ってきて、毎日気を遣いエネルギーを使っていた子が、ちょっとした友達とのぶつかりで、せきを切ったように泣き出しとまりません。相手もいつもと違うその雰囲気に、あやまっているのに届いていないその感じに、なすすべなくその場に立ち尽くしています。ひといき泣いてまわりの優しさに包まれて落ち着き、ふわっと空気がかわる。居合わせたみんなが「幽霊になるのは、雨で寒いときだけじゃないねえ」と実感してわかる。

子どもたちが、自然の中で、ありのままから生活をつくりあげる——「必然から考える」。

子どもの言動の奥にあるものをとらえ、理解し、のびようとしている方向へ支える——「はじめに子どもありき」。

そのような幼児期の保育が理解されるといいなと思います。森でなくてもできることですが、今与えられたなかで、私も「ありのまま」森の保育を積み重ねていきたいと思っています。

第4章 お母さんと森のようちえん
私をママにしてくれてありがとう

岐阜県…自然育児 森のわらべ 多治見園 園長
浅井智子

◎お母さんと子どものための森のようちえん

二年前、母を亡くしました。

母はけっして育児の上手な人ではありませんでしたが、それでも私は母からのたくさんの愛を感じ、母のことが大好きでした。

母の死を前に、この年になっても母に安らぎを求めている自分に気づき、「お母さん」という存在の大きさをあらためて感じたものでした。私自身も二人の息子の母。親として未熟で私自身もけっして育児が上手とはいえませんが、お母さんになれたことは私の生涯におけるもっとも大きな喜びとなっています。

ところが、家庭において母親に任されている責任の重さに、喜びよりも苦しさを感じ、孤独感に押しつぶされそうになっているお母さんたちは、けっして少なくありません。初めての子育て、思うようにならない子ども、イライラと不安でいっぱいです。気持ちを打ち明けながら、涙があふれてきてしまうお母さんもいらっしゃいます。

子どもの笑顔とお母さんの笑顔は必ずセットで存在します。お母さんと子どもの結びつきは深く、強いものがあり、互いに大きな影響をもたらしあいます。子どもの幸福を願うのならば、必ずお母さんの幸福についても考える必要があるのです。

お母さんがお母さんであることを喜べることを願って開園したのが森のわらべです。二〇〇九年六月に岐阜県多治見市で園舎をもたない森のようちえんとして誕生し、多くの方々に支えられながら今年で五年目を迎えています。

◎お母さんとして関わって

私自身が森のようちえんに出合ったのは、現在一〇歳になる我が家の次男が一歳のとき、二〇〇四年にさかのぼります。愛知県春日井《かすがい》市に開園した森のようちえんのポスターを見て、親子散歩の会に入会したのが始まりです。

公立保育園の保育士を退職していた私は、次男が卒園するまでの四年半を、母としてまたスタッフとしてこちらの森のようちえんに関わり、森での子育てを存分に味わいました。

家族の中では最年少で、手のかかる甘えん坊の次男が、森のようちえんでは自分より小さな子たちに思いやりを示し、同年齢の仲間の中でリーダーシップをとるなど、家庭とは異なる場で発揮されるわが子の姿に驚き、感動をしっかり味わったのでした。

年長組の冬山登山

こうして母親としてわが子と共に森のようちえんにお世話になり、親も子も育ててもらったことの確かな手応えと喜びが、地元の多治見で自ら森のわらべを開園するにあたっての土台となっています。森のわらべの原点は、わが子を森で育てたお母さんの実体験にあるのです。

◎母心あふれる「森わら」（森のわらべの略称・通称）

森のわらべでは、親御さんたちにも交代で日々の保育を助けてもらっています。母親たちは、自分とは異なる子育てを保育現場で目のあたりにします。子ども同士で解決するのをじっくり見守ろうとする他のお母さんの姿に、待てない自分がいることを感じ、そんな自分と向き合います。大人も失敗していいことを繰り返し伝え、母親たちもありのままの自分を仲間の前でさらけ出しあい、親としての学びを深めていきます。

そうしたなかで、子どもの素晴らしさを実感し、ありのままを包みこんでくれる森の心地良さに癒され、仲間と一緒に子育てすることの安心感から、子育てが楽しくなっていくお母さんたち。それも、わが子だけでなく、共に育つ他の子どもたちのこともかわいくてたまらなくなっていくのです。

子どもってスゴイ！　子どもってかわいい！　子育てって大変だけど面白い！　こうした感動に母性がじわじわと引き出されていきます。子ども嫌いだったお母さんから、もう一人産むことにしました！といううれしい報告をいただいたこともあります。

資格も免許もない普通のお母さんが、さまざまな葛藤、試行錯誤を重ねつつも、子どもをみつめる目を養い、一人ひとりの子どもに寄り添う素晴らしい保育者に育っていく姿は、お母さんってスゴイ！

という私の感動となっています。

子どものころからお母さんになるのが夢だったというある親御さんは、「森わらにはお母さんを感じる。だから入園を決めました」と話してくれました。

園長の私も含めて「先生」と呼ばれる存在はいません。お母さんの心でいっぱいあふれている……それが森のわらべです。

《森わらファミリーの声　その一》

＊石丸美和さん（卒園児の親御さん）

森のわらべを三月に卒園し、小学校に通う娘。知りあいのいない学校生活がスタートし、「友達ができた」と喜んだのもつかの間。数日後、「友達とケンカした」。

その数日後、「大ゲンカした。絶対許さないって言われた」……らしい。

森わらの保育当番のときに友達と関わる娘の姿を三年間見てきた。楽しそうなときも、居心地の悪そうなときも。それらを見たり聞いたりするたび、いっそ、娘の言動が見られない園のほうが、親が考え悩んだり、ざわざわすることなく楽だろうになぁ……と思ったけれど。

本当に言動が見られなくなった今、頼りになるのは保育中にみた娘の姿。

「絶対許さない」と言われたと聞いても、落ち着いていられるのは（内心ハラハラしていますけど……）嫌なことでも乗り越えて育ってきた娘の姿を自分の目で見てきたからだと思っています。

◎スタッフもお母さん

二〇一三年度、園児二〇名、親子組会員二一組。小規模な認可外ようちえんです。これだけの人数に対して、スタッフの数は一五名と大人数になっているのが森のわらべの特徴で、一致した保育方針のもと、みんなが子どもの姿を把握するためのミーティングは、とても大事にしています。

スタッフたちにとって、個々の子どもの育ちを支えることは最重要課題です。しかし、子どもだけでなく、育児の喜びが感じられるよう、子育ての主体者としてのお母さんを見守りサポートすることも大きな役割となっています。お母さんたちが安心して居場所を見いだし、母親としての力を発揮していけるように、お母さんたちにも寄り添います。お母さんの笑顔は子どもの笑顔の源だからです。

そして、スタッフたちも多くは家庭においては妻であり母親です。彼女たちが家庭での役割を優先できる体制を組むことは園長としての私の大きな役割の一つです。子どもが熱を出した、祖母を病院に連れていかなくてはならない……など、女性は自分自身の都合だけでなく家族の誰かに必要とされて急な対応が迫られることが少なくありません。

そんなときに、誰もが気兼ねなく園を休めるよう、いつでも交代がみつかるだけのスタッフ数を確保してきました。スタッフも仲間の助け合いのなかでお母さんであることを最優先できる、それが森わらです。

私自身も、二年前に末期がんの実母を自宅に迎え、保育現場に出続けながらも最期まで母に寄り添えたのは、他のスタッフたちと親御さんたちの理解と協力があったからこそ。もし森わらを理由に母に対する納得いく看護ができなかったら、私は一生の後悔につながったことでしょう。今、やれるだけのことはやったというどこかスッキリとした思いでいられるのは、夫の強力なサポートと、園長である私にも家庭を優先させてくれた森わらの仲間たちのおかげです。

《森わらファミリーの声　その二》

＊奥村則子さん（コアスアッフ・四児の母）

開園当初よりスタッフとして関わっていますが、昨年度は迷い、悩み、いろいろなことで苦しみのなかにいました。森わらにいると自分と向き合っていくことの作業の連続になります。園では、スタッフとして、少し年上の子をもつ先輩母として、ときに偉そうなことを語ったりしていますが、家での私は母親として配慮した動きが十分にできていないと感じていました。できていない母の私、できていないスタッフの私。園長である智ちゃんはそんな私の気持ちを受け止めてくれました。寄り添ってくれました。私が私として園に貢献できていること、智ちゃんが認めてくれていること、そしていろいろできていない私自身のこと……丸ごとの受け入れのなかで、心が安定していきました。園の子どもたちや親御さんからも温かなものをもらっていると感じています。今では自分が感じた心の安定を家庭で実践していく余裕も生まれています。森のわらべはお子さんを預かる園ですが、同時に大人も育つことができる園と深く実感しています。

＊椿香織さん（コアスタッフ・保育資格有り・二児の母）

ただ森が好きで、自然が好きな一母親でした。森のようちえんの存在を知って、「コレ！」と直感。

長男二歳のころ、森のわらべ開園構想中の園長に運良く出会い、開園準備からスタッフとして関わっています。長男は卒園し、現在は次男が通い、森のようちえん歴四年半となりました。

振り返って、何がよかったかと聞かれたら……もちろん森や自然も大事なのですが、一番は子どもの育ちを温かく見守る空気。スタッフも他のお母さんも、一人ひとり丁寧に、みんなでみんなの子どもを見守り、成長を喜び、困ったときは一緒に悩み考えて、時には泣いて、また笑って……。大きな家族のような温かさがここにはあります。

母としてもスタッフとしても、子どもたちが子どもたち同士の世界の中で豊かに育っていく姿を近くで見守っていられるということ、二度とこない輝く時期を、共に歩けるということは、とてもぜいたくで幸せなことなのだと、最近あらためて実感しています。

◎これからの森のわらべ

今、日本の社会情勢や環境はどんどん劣悪なものになり、未来に向けての希望を見いだしていくことに大きな困難を感じます。これから先はますます「お母さん」の存在が大きな意味をもつようになることでしょう。

そんな世の中において、私は心からの希望をもって伝えていきます。

「人と人が温かい心でつながりあい、大いなる自然の力を信じ、命を守り育んでいこう」

「誰もが安心してありのままの自分として存在し、〝自分が大好き!〟〝ああ、生まれてきてよかった!〟と笑顔になれる世界を目指していこう」……と。

私はそのために、これからも多治見で、森のわらべで、子どもたちとお母さんたちと共に歩んでいきます。もちろん愛する家族との日々を大事にしながら……。

最後に誕生会の様子をご紹介します。森のわらべでは、その子のお誕生日当日にお母さんも招いて誕生会を開きます。お母さんが誕生秘話をみんなに紹介してくれます。主役の誕生児は照れながらもうれしくってたまりません。他の子どもたちもこのお話を聴くのが大好きです。

そして誕生会の最後には、私からお母さんに歌をプレゼントします。待望の長男がお腹に宿ったときに作った歌ですが、お母さんがお母さんであることをいつまでも喜びとできるよう、心からの願いを込めて歌います。

私を　ママにしてくれて　本当にありがとう。
あなたが　我が家に来るのを　ずっと待っていたの。
ママもパパもドジばかり　スーパーマンじゃないけれど
あなたが　そこにいるだけで　かけがえのない喜びなの。
私を　ママにしてくれて　本当にありがとう。
あなたが　我が家に来るのを　ずっと待っていたの。

第5章 自然とくらしのつながりを日常的に実感

多様性に富む森で

愛知県…森のたんけんたい 代表
小林直美

◎森のたんけんたいの保育——保育の概要

「森のたんけんたい」は、一九九七年より名古屋市のベッドタウン高蔵寺《こうぞうじ》ニュータウン周辺の自然の中で、自然体験を基軸とした保育を行っています。

「森のようちえん」（一～五歳児の保育）、「おさんぽ」（未就園児親子）、「野遊び」（三歳～小学生親子自然体験）の三つの会員制の活動と一～二歳親子対象の子育て支援事業の活動を行っています。

親子参加型の自主保育の形から始まり、「森のようちえん」はこの四年間、「保護者が交代で保育当番に入り、スタッフが週二日支援」する形で運営してきましたが、保護者が主体となって毎日保育を行うのは保育内容のすりあわせなど話し合いの時間も相当かかり、親にとっても子どもにとっても負担が大きいことを実感しました。より安定した保育活動を目指したいと考え、二〇一三年度から二人の保育者が主になって毎日保育を行う形となりました。保護者には人手が要るときに応援をお願いしたり、行事の準備や手伝い、環境整備などの面で助けてもらっています。

◎大切にしていること

○子どもの主体性を尊重する（人や自然とのふれあいのなかで主体的な遊びや生活を通し、子どもたちが自分で感じ、考え、判断し、行動できるよう、保育者が適切な支援を行う）

○認める　伝え合う（自分や相手の気持ちを大切にする）

○自然体験を基軸とした保育を行う

○共に育ち合う（子どもだけでなく、スタッフも親も共に育ち合う）

《活動の実際》

森のたんけんたいでは年間を通し、次のような活動を行っています。

●年間活動予定（**太字**は保護者も参加）

四月　**入園式**　お花見（シデコブシ）　野草摘み　野草料理　畑の活動　こいのぼり作り

五月　**親子遠足**（陶芸など）　泥んこ遊び　タケノコ掘り　サツマイモ苗植え　桑の実摘み

六月　流しそうめん　**田植え**　キイチゴ摘み　雨のさんぽ　生き物探し　**ホタル鑑賞**　川遊び　ザリガニ釣り

七月　七夕会（保育者の劇）　**郡上キャンプ**（カヤック、ドラム缶ぶろなど）　川遊び　サワガニ探し

八月　夏季保育（川遊び、かかし作り）

九月　草木染め　クリ拾い　**お母さんのお店屋さん**（布や自然物のクラフト）　人形劇鑑賞

一〇月　**稲刈り**　さつまいも収穫　アケビ・ムカゴ採り　月見団子　ドングリ拾い　**収穫祭**

一一月　ろうそく作り　**子どものお店屋さん**（羊毛・自然物のクラフト）　焼き芋　縄跳び作り
一二月　**クリスマス会**（子どもたちの音楽会、母たちの劇）　リース・しめ縄作り　もちつき
一月　初日の出登山　竹パン　**長野雪遊び**　木工
二月　豆まき　織物　ひな人形作り　おこしもの作り
三月　**卒園式**（子どもたちの劇）　卒園児へのプレゼント作り　入園児へのプレゼント作り

●月の活動内容　具体例として六月の保育内容を活動領域別に並べてみました。こどもの森幼児教室の活動領域を採用し、経験の内容が偏らないよう考慮しながら保育計画を立てています。

①**自然体験**……森の散策、田んぼで泥んこ、川遊び、竹の水鉄砲、田・池・川の生き物（サワガニ、ザリガニ、カエル、昆虫など）とのふれあい、農道散策

②**造形絵画**……七夕飾り作り、お絵かき、折り紙、工作、小麦粉粘土

③**栽培・食**……田植え・畑の活動、木の実採集（クワ、キイチゴ、ヤマモモ）、野外炊事（ご飯とみそ汁作り、流しそうめん）、梅ジュース作り、梅干し作り（保護者）

④**家族・社会**……田植え、お父さんの絵、科学館とプラネタリウム、誕生会

イトトンボ

⑤**音楽・表現**……わらべうた（でんでんむし、おてんとさん、雨雨やんどくれ、あめこんこん、たけんこがはえた、キャーロノメダマ、まいまいつのだせ）、うた（あいさつのうた、おはよう、手と手と手と、にじ、手のひらを太陽に）、絵本、紙芝居

⑥**運動・体**……森の散策、木登り、川遊び、泥んこ遊び

●**一日の流れ**　九時、森に集合、朝の会（わらべうた、うた、出欠、やりたいことを発表）。森の散策（広場では自由遊び、川遊びなど。造形活動や劇遊びが先に入ることもあり。週一くらいの割合で野外炊事）。

一一時半、弁当。シール貼り、自由遊び、絵本、帰りの会。森の散策。集合場所へ戻る（集合場所にシートを敷いてお絵かきや折り紙、工作遊びをすることもあり）。

一四時、保護者お迎え。

●**雨の日の過ごし方**　小雨のときはカッパを着て森の散策。寒さが厳しい季節やどしゃぶりのときは、施設の一室を借りたり屋根のあるスペースを利用したりして、造形活動や自由遊びなどをして過ごしています。

◎なぜ森なの？――自然の中での保育との出合い

名古屋市の私立幼稚園に五年勤め、出産で退職。職場の先輩が自主保育の仲間と立ち上げたサークル「おさんぽの会」に一歳半の息子と参加したのが自然の中での保育との出合いです。一九九二年秋のことでした。四年半後、高蔵寺ニュータウン方面への引っ越しを機に、二歳の娘とまた自然の中で同じような活動をしたいと「森のたんけんたい」を立ち上げました。

◎自然とくらし

「おさんぽの会」に入った当初は、自然のことを何も知らず、食べられる実や植物、細工に使える自然素材、たき火料理のことなど先輩の母たちから学びました。ワラビやクワの実を初めて摘み、ジュズダマの実でお手玉を、アケビのつるでリースやかごを作りました。火をおこすのも初めてで、焼き芋や竹パンを作ったときはそのおいしさに驚きました。

「おさんぽの会」での体験は、「自然を利用し、ひと手間かけて、くらしに役立てる」喜びに気づかせ、「自然とくらし」のつながりや「子どもと自然」について考えるきっかけとなりました。

「自然とくらし」といえば、小学生のころまで毎年連休や夏休みを過ごした祖母の家を思い出します。

田舎に帰ると、母は早朝大きなかごをしょって山へ出かけ、午後、かごいっぱいのゼンマイを持ち帰りました。土間の大きな釜で湯がき、おんな子ども（叔母やいとこたち）が一斉に綿取り作業を始めます。翌日、庭先には何枚ものゴザが敷かれ、ゆでたゼンマイが天日に干されていました。祖母は炭焼き小屋に泊まって不在のこともよくありました。叔父たちは裏の川で魚を釣ってきていけすに放ち、わたしたちはよくそれをのぞきこんでいました。流しには山水が引かれ、桶の中には程よく冷えたもぎたてのトマトが。それを丸かじりするのが子どものころの楽しみの一つでした。裏の川原で摘んだ花を持ち帰ると、叔母が「それは蚊やりの草だよ」と教えてくれました。

労せず欲しいモノがなんでも手に入る今の時代だからこそ、「自然とのつながりが実感できるくらし」に豊かさを感じます。

人間が生物として本来もっている生命力や健やかさは、自然とかけ離れた世界の中だけで過ごしていると徐々に損なわれていくように思います。便利な生活を享受する一方、人も「自然の一部」であり「人とのつながりのなかで生きている」ことを実感できる場がきっと必要で、「人間が育つ」場である子育て期においで特にそれは重要だと感じます。

森のようちえんでは、自然とくらしのつながりを「日常的に」実感できる環境を作りやすく、そのような環境はできれば物心つく前から子どもの周りを取り巻いていて、柔らかい心や体に染みこむように体験させたい性質のものと考えています。

◎生命が息づく森

日常的に自然の中で過ごしていると、さまざまな生き物に出合います。リス、イタチ、ノウサギ、ヘビ、鳥、イノシシ、カエル……。食べたり食べられたり、子作りや子育てをしているところ、食事をした形跡、ふん、土を掘り起こした跡、冷たくなって横たわった姿。

大きなヒキガエルがヤマカガシに飲まれる場に出くわした子どもたちは、騒ぐことなく三〇分以上事の成り行きをじーっと見続けていました。アオダイショウがリスの赤ちゃんを何匹か飲みこみ、親リスがオロオロと樹上をとびまわっていた光景を中二の息子は九年経った今でもしっかり覚えています。「命をつなぐために他の命をいただく」ことを子どもたちは理屈ではなく、感覚すべてで受け止めているようです。

五月、オオルリやホトトギスがさえずるころ、毎日たくさんのイモムシや毛虫に出合います。それらを見ると思わず悲鳴をあげるお母さんもみえますが、わたしには「イモムシはかわいいな」と思えます。

お母さんが嫌いなものを、子どももいつのまにか嫌いになってしまうことはよくありますが、それではもったいないなと思うわけです。そこで、危険のない種類はわたしがまず手に乗せ、親しみを込めてふれあうようにしています。身近な大人が愛着をもって接していると子どもたちも安心し、自らさわってみたいと手を出し、いとおしむようになります。そんな体験の積み重ねにより、いろんな生き物も自分も自然の中でいっしょに生かされている存在であることを肌で感じてほしいと願っています。

◎遊びと感性を育む森

多様性に富む森は、遊びのイメージや創造力を喚起する材料でいっぱいです。木、葉っぱ、花、実、石、水、土などの多様な形、大きさ、色、質感、香りなどを生かし、ままごと遊びが始まります。斜面、がけ、広場、茂み、川、水たまり、大きな岩や木、つるなど、その場の地形や大きな自然物からイメージがわいてごっこ遊びが始まることも多く、役割分担し創造性を発揮しながら自分たちの物語を紡ぎ出します。自然素材は首飾りや指輪などのアクセサリー、剣やパチンコなど遊びの小道具にもなります。

森で過ごしていると、普段使わない感覚が目覚めます。細胞の一つひとつが活性化して野生のころに戻ったような感覚。道なき道を探検したり初めての道を進んでいくときのワクワク感、思いがけないものに偶然出合ったときの驚き、おいしいものを見つけて味わう楽しみ、生き物をさがしたり、工夫して捕まえたときの喜び。におい、生き物の気配、風のそよぎ、凛《りん》とした空気。感覚すべてを総動員して情報を受けとめ、反応します。自然と共に生きていた太古の血が自分の中に流れているのを感じる瞬間です。

森は豊かで生きています。雄大で揺るぎなく、ときにはかなくもあります。そのなかで子どもたちと過ごす時間をこれからも大切にしたいと思います。

最後にわたしの好きな書『センス・オブ・ワンダー』の一節を引用して終わりたいと思います。

子どもたちがであう事実のひとつひとつが、やがて知識や知恵を生みだす種子だとしたら、さまざまな情緒やゆたかな感受性は、この種子をはぐくむ肥沃な土壌です。幼い子ども時代は、この土壌を耕すときです。

美しいものを美しいと感じる感覚、新しいものや未知なものにふれたときの感激、思いやり、憐れみ、賛嘆や愛情などのさまざまな形の感情がひとたびよびさまされると、次はその対象となるものについてもっとよく知りたいと思うようになります。そのようにして見つけだした知識は、しっかりと身につきます。

消化する能力がまだそなわっていない子どもに、事実をうのみにさせるよりも、むしろ子どもが知りたがるような道を切りひらいてやることのほうがどんなにたいせつであるかわかりません。

（レイチェル・カーソン著『センス・オブ・ワンダー』新潮社より抜粋）

第6章 保育園だからこそできること

自然が育む子どもの力

神奈川県…横浜市認定　家庭的保育室　もあな☆ちいさな木　園長／森のようちえん Little Tree　代表

野村直子

◎大人の関わりで子どもの育ちが変わる

私は、国内外での保育経験と自然体験活動など子どもと自然に関わり約一七年。その経験を生かし現在は、保育室もあな☆ちいさな木園長のかたわら、指導者向けワークショップを行う「森のようちえんLittle Tree」の代表でもあります。今までに、私の保育観を大きく変える二つの出来事がありました。

一つは、私が一般的な保育園で保育士をしているとき、五歳児はいつも園庭で肩身の狭い思いをしていました。思い切り遊びたくても、滑り台などで「正しい」遊び方をしないために、乳児クラスの先生に叱られていました。そこである日、五歳児たちをあまり整備のされていないグラウンドへ連れていきました。「さぁ、遊んでいいよ！」、そう言った私に子どもたちのブーイングが起こりました。「なんにもないじゃ〜ん！」「なにしてあそぶの？」。ところが、文句を言いながらも子どもたちは、どこからか大きな丸太を運び、落ちていた棒で穴を掘り、水たまりで泥団子を作り、クローバーなどの花を摘むなど、ものの三〇分で遊びこみ、「もう帰るよ」と声を掛けても「え〜！　まだあそびたい！」。

そこで私が感じたことは、「子どもたちには自ら遊びを創り出す力をもっている」ということです。もしかしたら、固定遊具や大人が用意した遊びは、子どもたちの遊びを創造する力を発揮させせないのかもしれないと思うようになりました。

二つめは、カナダの保育所での出来事です。朝の会で、先生が子どもたち全体に「みんな元気ですか?」と問うと、子どもたちは「ママとけんかしちゃってさ~」とか「げんきだよ。だってね、あさごはんにパンケーキをたべたからさ」など自由に話したいことを話し、その話を聞いた他の子も話しはじめるという様子でした。先生はそれに対し、友人の話でも聞くかのように受け答えしていました。

私がそれまでにしたり見たりした保育は、「元気な人?」「はーい!」という先生と子どもが一対大勢の関わりでした。でも、カナダでは一対一の関わりを全員としており、私には衝撃でした。一対大勢という関わりが崩れたら、収拾がつかなくなると思っていたからです。でも、その子どもたちの伸び伸びとした様子を見て、こういった関わりをすることで子どもの個性が育つのだ、と感じました。

この二つの出来事の後、「森のようちえん」という自然の中で子どもたちが主体的に過ごす保育に出合い、「これだ!」と思ったのです。子どもたちがもともともっている力を引き出し、個々を尊重するような関わりを大人がしていると、子どもたちは遊びの中で「何をしたいか」「何が好きか」「何が嫌いか」を自分で感じ、考えます。そして、やりたいことをやってみるという行動をする力が生まれます。それは、大人主導の保育の中ではなかなか育たないものだと思います。「自分で考えて、やってみる」という力、「生きる力」を育てることができる保育が、森のようちえんなのです。

◎森のようちえんという保育

私が園長を務める、もあな☆ちいさな木は家庭的保育室です。家庭的保育室とは、認可保育園に準ずる保育室で、定員が九名、対象は生後二カ月〜二歳児で、認可保育園の保育要件（預かる基準）と同じく、保護者の就労、求職、出産などで「保育に欠ける子ども」をお預かりします。定員九名という小規模保育で「家庭のように、子どもの育ちに寄り添う保育」というのが家庭的保育の特徴です。その特徴が森のようちえんと合致しているのです。連携園として、「もあな保育園」（〇〜二歳児対象の横浜保育室、三六名定員）と「めーぷるキッズ」（三〜五歳児対象の認可外保育室、四五名定員）があり、その全園で森のようちえんを実践し、日々交流をもっています。

私は、森のようちえんを保育の一つの形ととらえています。野外保育や自然保育と同じようなとらえ方です。大人の関わり方こそ大切であり、森のようちえんの保育の肝《きも》だと思っています。

「三つ子の魂百まで」といわれるように、〇歳児から二歳児までの乳児期は人生の土台を作る大切な時期です。子どもたちは乳児期に思い切り泣いたり、笑ったり、怒ったりしながら、感情を発達させていきます。その快・不快を十分に発散させることが心の安定につながります。その感情の発達の時期に「森のようちえんの保育」を行うことは、子どもに関わる大人が「あなたはそのままでいいよ」という関わりをすることです。どういうことかというと、子どもが心地よいと感じているときに「きもちいいねぇ」、不快に思っているときに「いやだったのね」と気持ちに寄り添うということです。子どもは安心して自分の感情を出せるようになります。それは、自己肯定感を作る第一歩だと思っています。

〇歳の赤ちゃんにも個性があります。育ち方、泣き方、笑顔になるポイント、興味をもつところなど、一人ひとり違います。赤ちゃんのころは、その違いを許容されて育つことがほとんどでしょう。でも、大きくなるにしたがって、「これはダメ」「これが正しい」など大人の価値観につながるしつけをされるようになります。しかし大人の関わり方で、子どもたちの育ちは大きく変わってきます。そして〇～二歳という年齢期ではその影響も大きいのです。私は「子どもはそのままで完璧」と思っています。子どもたちの成長にはいつも驚かされます。大人ができることは、何かを教えたり与えたりすることではなく、そのままの子どもたちを受け入れ、すでにもっている力を引き出す関わりをするだけなのです。

◎子どもの姿

森のようちえんで育つ〇歳児は陽に焼けてるんです。普通、なかなか陽に焼けた〇歳児はいませんよ。外で過ごす時間に、たくさんの刺激を受けます。暖かな陽の光、さらさらと頬にあたるそよ風、突然近くで鳴く鳥の声、偶然手に触れた草花の感触……外で過ごすだけで、さまざまな感覚を刺激され、感性を育みます。「あぁ～」と小さな声で歓声を上げながら草を手のひらで触れ、虫に目を見開く子どもの姿に、いつも感動します。子どもの感性は、もしかしたら育むのではなくて、すでに子どもの中にあるのかもしれません。そしてそれを自然が引き出してくれるのです。

街でよく、二歳くらいの子どもを連れたお母さんが手を焼いている光景を目にします。その時期は第一次反抗期で、自我が生まれる時期です。何でも自分でやりたい、でも甘えたい。子ども自身も揺れている時期です。その時期に、自然に触れながらありのままでいられるということは子どもたちにとっても、大人にとってもよいことだと思います。私の園でも道端でよく、「やぁだ!」とひっくり返って泣いていています。何が嫌なのか、当の本人にも保育者にもわかりません。何かが嫌なのです。そんなときは子どもの中にあるそのモヤモヤとしたエネルギーをそのまま発散させています。

森のようちえんには「やらなければならないこと」は何もないので、他の子は泣いている子の周辺でアリや花を見たりしてのんびり待ちます。保育者もその子に寄り添い、待ちます。しばらくすると「ふぅ」と一息つく瞬間があります。その瞬間がチャンス！　「あ、チョウチョがいるよ」と一声掛けると、「どこ？」と泣いていたことも忘れたようにケロッとしてしまいます。もちろん、その作戦が失敗することもありますが、自然の中で過ごす、ということは、大人にも心に余裕が生まれ、待つということがしやすいように感じます。

右を向いている子を無理に左に向かせるにはエネルギーをたくさん使います。右に向いている子に寄り添い、一緒に右を向き、左へ向かせる投げかけをするほうが大人にとっても楽しく、無駄な労力を使う必要がありません。集団での保育は、どうしてもみんなと同じ時間を共有させる必要が出てきます。そんなとき、無理に左へ向かせるのではなく、子どもの気持ちを受け取る、共感することで穏やかに左に向いてくれるということが多いのです。

〇～二歳児の縦割り保育は、月齢の差が大きく、一度三カ月違うだけでもかなりの成長の差があります。この成長の差をも個性のように感じるのが、森のようちえんです。子どもたちには今、目の前のことしかありません。二歳の子が夢中になって遊んでいるときに一歳の子が興味を示して、結果的に邪魔して

木登りをする２歳児に話しかける１歳児

しまうこともあります。でもその関わりのなかで、我慢することを覚えたり、優しく教えることを覚えたりと子どもたちなりにその場を乗り越えていきます。

二歳の子はできることも増え、率先して自然の中で遊びます。土手やがけをスイスイと登り、大きな棒を引きずり、ごっこ遊びをし、自分の力試しをするような遊びや友達とのやり取りをする遊びを楽しみます。それを見て、一歳児がまねをします。どうにかついていこうと、見よう見まねで遊びます。

あるとき、土手で遊んでいた二歳児はあっという間に上まで登ってしまいました。後から行く一歳児はなかなか登れません。すると、二歳児が戻ってきて「だいじょうぶ?」と手を貸すのです。助け合いの光景を自然の中ではよく見ます。きっと助け合いは本能なのだろうと私は思っています。大人がやってみせたわけではなく、誘導したわけではなく、こういった姿が見られるのです。そして、二歳児に助けてもらった一歳児は、今度は自分よりも小さな〇歳児の友だちに手を貸します。

こうして縦割り保育の中で社会性がきちんと育まれていくのです。森のようちえんだからこそ育つ社会性といえるかもしれません。

◎保育園としての森のようちえん

両親とも働いている子育て世帯には、保育園という選択肢しかありません。森のようちえんにいくら共感しても、保育園にしか預けられないという人にも森のようちえんで子どもを育てられる機会がたくさんあったらいいなと思います。保育園での森のようちえん活動は、子育て世帯が保育園、幼稚園選びをするときの選択肢の一つを提供することになります。社会の中で認知されることは、子どもや保護者、保育者にとっても大きな意義があると、私は思っています。

森のようちえんでは保育者も成長します。「待つ」「見守る」「子どもの力を信じる」というなかで、保育者にさまざまな葛藤が生まれ、「どこまで待とうか」「どこまで許容しようか」と子どもたちのことを真剣に考えます。「この子にとって何が最善か」「どう育ってほしいか」を本気で考えることは、保育者を成長させてくれます。そして、正解は何もないのです。子どもと向き合い「どう育むか」を考えていくことこそが、保育者の成長の機会となります。考えて、やってみる、どうだったかまた考える。子どもと同様、保育者も体験から学び、いつしかどっしりとした保育者に育っていくのです。

やることに追われ、子どもと向き合う時間がないと嘆いている保育士をたくさん見てきました。自分の思いを保育の場で発揮し、子どもたちの成長に驚く……本来の保育士という職の魅力はここにあるのではないでしょうか。そして、森のようちえんはそれができる現場と思っています。この森のようちえんを通して、少しでも保育士という職の魅力が広まってほしいと感じています。

◎森のようちえんがつくる新しい未来

森のようちえんで育った子どもが、社会に巣立ったらどんな社会になるでしょう。自分のありのままを表現し、やりたいことをして、そして他の人のありのままを受け入れる……そんな人であふれるに違いないと思っています。みんながありのままでいられる社会をつくることができたら、みんなが幸せな社会になるのではないでしょうか。楽観的でしょうか？　でも私は、森のようちえんが広がることで、そんな社会をつくることができると本気で思っています。

第7章
「Akiha森のようちえん」から「里山子育て支援センター」への思い
子どもが生き生きと遊べる環境をつくる

新潟県…Akiha森のようちえん 園長／株式会社 原常樹園 代表取締役 原 淳一

◎Akiha森のようちえんをつくった想い

Akiha森のようちえんの園長である私は、造園会社も営んでいます。そんな私がなぜNPO法人で森のようちえんをつくったかをまずお話ししたいと思います。

自分が造園会社を継いだとき、何のためにこの地で事業をしていきたいのかと真剣に考えました。そのとき、当たり前ですが、社の理念に沿った行動をしようと思い決断しました。その社の理念は「未来を創る子どもたちの、心と体の健全な成長に、自然に携わる事業を通し貢献する」。私が社長になるときに決めた理念です。何のために事業をするのか、事業を通して何を世の中に創りだし貢献していくのかを、しっかりともたなければと自分なりに真剣に考えて決めた理念でした。

そのような想いを抱きつつ、公園や庭などを造る造園という仕事をしてきたなかで、私には三人の娘がいるのですが、娘たちが生まれたことをきっかけに、子どもたちが自然に触れて自由に遊べる場所が減ってきていることを痛感しました。木登りができる場所もなければ、ザリガニやメダカをとる場所もない。あれはダメ、これはダメと規制ばかりで、遊べるものは大人のルールでつくられた物ばかり。汚れて帰れば怒られる。そんな環境では子どもは自然のことを好きにはなれないし愛着もわかない。そもそも外で遊びたいと思わないだろう。これじゃ子どものテレビゲームの時間が長くなるのも当然だと考えました。でもこれは、今までの大人がつくりだしてきた世界なんだと思うと、「このままではいけない」と全身で思いましたね。

私が小さなころといえば三〇年くらい前ですが、私の生まれ育ったところは田舎ですので家の周りが毎日森のようちえんのようでした。毎日自然に触れて全身でチャレンジする機会がありました。私たち大人は今の多くの子どもたちからそれを奪ってしまいましたね、「効率化」という理屈で。効率化というのは他のことができなくなるってことですよね。予定外ってことがなくなるってことですよね。子どもの世界にはどう考えても当てはまらないですよね。それを無理に当てはめようとするから、子どももお母さんも苦しくなっちゃうんじゃないかな。そこで私はもっといろんなことを受け止められる環境を取り戻していきたいと考えました。

そこでまずは、子どもが自然の中で生き生きと遊べる環境をつくってみようと、二〇〇五年に荒れた里山を整備し子どもたちの自由な遊びをつくる任意団体を同志と結成し活動を開始しました。新潟市の里山の中にあるキャンプ場でしたが、本当にこれがキャンプ場なのかというくらい荒れ果ててましたね。そこを少しずつ整備し、がけをロープで登ったり、木登りできたり、ブランコのできる場所に変えていきました。そしてその活動を進めていくなかで、地域の中学校の総合学習のお手伝いをしたり、セブンイレブン記念財団からの助成をいただき、ツリーハウスの作成なども行いました（今では森のようちえんの園児の最高の遊び場になっています）。またそのご縁で、ドイツへ環境活動を学ぶ海外リーダー研修にも参加させてもらい、そこで今進めている森のようちえんを始めるきっかけをいただきました。環境先進国ドイツの方々の環境への熱意は、二〇一三年現在ではドイツ国内に一〇〇〇以上あるといわれる森のようちえんから育まれているんじゃないか。やっぱり理屈よりも、自然の中に身を置くことによってその大切さが全身で理解できるようになるんじゃないか。それが環境先進国の土台になっているんじゃないか。習慣が人生をつくるといいますが、自然を全身で受け止める幼児期の習慣は、自然と共に生きていく人生と、そして社会の元になっていると直感で確信しました（三・一一の原発事故後、いち早くドイツが脱原発宣言したときにさらに確信しました。当事国の日本は……ですが）。

この研修によって、私の中ではまだ先のことと考えていた森のようちえんが、一刻も早く始めなければならないことに変わりました。そして研修中に森のようちえんを地元で開園する決意をし、一緒にいた全国の研修仲間に二〇一一年の四月に開園すると宣言し帰国しました。帰国後すぐに全国の森のようちえんの先輩方を訪ね勉強させていただき、さまざまなご縁と時代の後押しで、ドイツでの宣言どおり二〇一一年四月に事業を開始することができました。勝手につくる決意をして帰ってきて、あとで家族に伝えたのですが……いっぱい迷惑をかけました。現在進行形ですが……。

開園するまでは、会社でやればいいじゃないかという話も出ましたが、私はＮＰＯ法人で行うことでよりたくさんの人の目につく機会が生まれると考えました。また、世の中の人に森のようちえんの話を広め理解をしていただくときに、一造園会社の人間が「自然体験は子どもたちにとってとても重要ですよ」と伝えるよりも、社会の中でより中立な立場のＮＰＯ法人でこの大切なことを話したほうが多くの方に理解をしてもらえるのではないかと考えたからです。

よく人に、「ＮＰＯと会社の仕事の割合は？」と聞かれますが、私は「両方一体です」と答えています。

本来、会社は社会の「公器」、世の中のためにあります。でもそう考えていない人もいると思います。だから理解してもらいやすいNPO法人で行っています。ですが目的は一緒、「子どもたちが自然に触れて自由に遊べる環境（場所と時間と眼）を取り戻したい、つくりだしたい」ということです。必ず理解される日が来ると確信していますし、相乗効果が生まれると思います。そして、そうしていかなければならないと思っています。

私は今を生きる大人として大切なことは、世の中や人の役に立つために頑張る姿を子どもたちに見せていくことだと思っています。人としてどう生きるか、良心に基づいてどう人生を送るかを真剣に大人は考え行動しなければならないと思います。自分のもっているものを総動員して、何とか人生が終わるまでに、地域や子どもたちに役立つものを残したいと考えています。

その一つの答えが森のようちえんでした。造園業という身近な自然をつくりだす家業の家に生まれ継いでも、身近な自然はどんどんなくなっていき、見てくればかりの公園・庭がどんどん造られていく。なにか根本的なことが違うんじゃないか。身近な自然をつくることを生業とする人間として一石を投じたい。私たちがつくる身近な自然環境で、子どもたちの環境を、そして未来を育てていきたいと強く考えています。

◎Akiha森のようちえんについて

Ａｋｉｈａ森のようちえんは新潟市秋葉《あきは》区の秋葉公園内にあります。新潟市の公園施設をお借りして拠点とし、広さ約三〇ヘクタールの自然あふれる里山公園を目いっぱい利活用して活動しています。

二〇一一年四月の開園当初は園児一一人とスタッフ三人＋園長・副園長の体制で始まり、二年目は園児二三人でスタッフ四人＋園長・副園長、三年目は園児二九人でスタッフ変わらずという体制です。

一見園児数も年々増え順調そうにみえますが、なかなかいろいろありました。一番大きな事件は、開園三カ月後の七月に三人中二人のスタッフが辞めたことですね。原因は私の指導力不足ですが、何はともあれ開園して三カ月で三人中二人が辞めるという状況は大変でした。子どもたち、そして保護者の皆さまには本当に不安な思いをさせてしまいました。あの教訓は私にとってとても大きなものになりました。その後はおかげ様で優秀なスタッフに次々と加わってもらい現在に至っています。

また、森のようちえん二年目の春にNPO法人の私以外の理事メンバーが総入れ替えということがありました。そのときも大変でしたね。NPO法人の知人たちから「NPOはお金と責任が発生してくると大概割れるんだよ」と以前話を聞いていて、まさかと思っていたのですが、まさにそのようになりましたね。ですがそのときに新しく理事に入ってもらったメンバーはもともと里山整備を一緒に始めた任意団体のメンバーで、今は同じ思いをもったその同志にアドバイスをもらいながら前向きに事業を進めることができています。やっぱり大切なのは「想い」ですね。

木はともだち。いつもありがとう！

◎Akiha里山子育て支援センター「森のいえ」

この子育て支援センターは、全国でも初めての野外（里山）を主とした、行政（新潟市）からの委託を受けている地域子育て支援拠点施設の子育て支援センターで、皆さまよくご存じだと思いますが、週五日、一日五時間以上、〇～二歳の親子を主な対象とした施設です。

二〇一一・一二年で行われた内閣府の新しい公共の場づくりモデル事業でつくった施設でしたが、立案から開設まで一年ちょっと、本当に行政の方たちには迷惑をかけましたね。何せ私がせっかちで頭が熱いもんですから、回答を待たずにやっちゃうなんてことがあり、よく注意を受けましたね。でもだからできたと思っています（なんて書くと怒られそうですが）。

◎Akiha里山子育て支援センターをつくった想い……

「三つ子の魂百まで」。大震災後、日本国民の多くの人の心に、「自然を大切に思い共に生きる」火がともったと思います。自然と共に生きるにはやはり、自然が好きで大切に感じる、感謝と畏敬の心が土台だと感じています。そしてその心の土台を築く大切な時期は乳幼児期ではないでしょうか。

子どもを自然の中に置くだけでは、子どもは自然を好きにはならない。私の師匠（内田幸一さん）から教えてもらったことです。そこには親や大人の愛が必要です。子どもたちが振り返ったとき〝笑顔〟で見守る愛が必要です。その愛に見守られて子どもたちは自然を好きになっていきます。

子どもを育てていくことは、次世代の社会を創っていくことです。子どもたちが大人になったとき、どんな社会で生活していてほしいか大人は真剣に考える必要があります。その社会を創る人の「人生」、その人生をつくる大きなものは、「想い」と「感情」です。こんな大人になりたい、こんな社会にしたいという「想い」、その土台となる「感情」。その感情の元は「心地よさ」です。自然の中で親の愛に見守られて過ごした心地よさが、自然と共に生きる持続可能な次世代社会の基盤となるでしょう。

親は子どもが健康に成長し、自立してほしいと誰もが願っていると思います。では「成長」とは、「自立」とはどういうことでしょうか。自然の中にはたくさんの刺激があり、リスクもあります。だから自分で感じて、自分で考えて、自分でやってみていっぱい失敗して、たまに成功して、自分で危険を回避できるようになると思います、そしてそれが積み重なって成長していくのではないでしょうか。また自然はみんな生きていて、それぞれに役割がありつながっています。鳥の声や木漏れ日、雨音の中で、子どもたちに直感的にその役割とつながりを理解してほしいと思います。そのつながりあった役割こそが真の自立、〝自分の存在が世の中の役に立つ〟土台となると信じています。

今の日本には、もっと自然の中で「三つ子の魂」を育てる環境（場と時間と眼、そして愛）が必要です。このＡｋｉｈａ里山子育て支援センターが一つのモデルとなり、子どもが自然の中で過ごす環境が増えていくことを強く願っています。

◎最後に

私がこのように活動できるのも家族みんなのおかげです。旅行も連れていったことがほとんどないし、家族サービスは三の次のようになっています。この場を借りて感謝を伝えさせてください。ありがとう、娘たちよ、元気に素直にまっすぐ育ってくれて。ありがとう、麻緒さん、何とか我慢してくれて。

第8章 森のようちえんを運営する力

まるたんぼう設立から現在まで

鳥取県…NPO法人智頭町森のようちえん　まるたんぼう　代表
西村早栄子

原稿執筆の依頼を受けたとき、私はまるたんぼうの現場について語ることはできないと思いました。なぜなら開園当初から森のようちえんに〝運営者〟として関わっているからです。もちろん、現場にまったく入らないわけではありません。広報担当として視察者（お客様）や取材者が来られるときは私が対応してきましたし、まるたんぼうに子どもを預ける保護者として現場に入る機会もあります。開園五年目となる今年二〇一三年、ようやく毎週二回保育スタッフの補助として、まるたんぼうの現場に出ることにもなりました。そういう意味で私はまだまだ現場実践者として初心者です。ただ、園の代表としてまるたんぼうの魅力について語ることはできます。

森のようちえんの魅力の一つは、実際に森のようちえんを実践している方々の思いやこだわりが少しずつ違っていて、それが現場にも如実に現れることだと思います。きっと、この本を出版する趣旨もそのようなさまざまな森のようちえんを紹介することなのだと理解しています。そういう意味では、この章は少し他の園と視点が違うかもしれませんが、まるたんぼうが他の園と違う（であろう）特徴的な部分についてご紹介していきたいと思います。

◎そもそもの立ち上げは〝山村子育て〟を選択肢にしたい！　という思いだった

実は私は移住者です。人口最少県である鳥取県の山あいの町である智頭町《ちづちょう》にほれこんで七年前に一家で移住してきました。移住の理由は、夫婦とも学生のころから森林に関する勉強をしてきており、当時は林業に関する仕事をしていました。ですので第一に、自分たちで自由にできる山が欲しかったこと（林業のまね事がしたい）、山のある智頭での暮らしに憧れていたこと、古民家改造住宅に住みたかったこと、地元の小学校のたたずまいに一目ぼれし、この小学校に子どもを通わせたいと思ったこと（二〇一二年に残念ながら統合になってしまいましたが）、そしていつかは、自分の山から薪を採りエネルギーの自給自足がしたいという思いがあったこと、そのような理由で移住したのです。

私自身が子育てのフェーズに入り、自然豊かな田舎での子育てに憧れていました。生まれも育ちも東京なのですが、幼少期父方の祖父母が住む高知県に毎年通い、自然の中で自由に遊んだ経験があり、そのときの経験がさまざまな面で自分のその後を形成していったと思っていたので、子どもたちは自然豊かな田舎でのびのびと育てたかったのです。

智頭の子どもたちは山の中を駆け回っていると期待しての移住だったのですが、現実は全然違っていました。少子化で近所に子どもが少なく、都会の子と変わらず屋内でゲームやテレビ、ビデオを見るのが一般的な様子でした。ただ、ご近所に一軒だけ幼い男の子三人のいる家庭があり、「あの家の子は違う。冬でも裸で外をウロウロしている」「おばあさんは孫を背負って畑のあぜを草刈機で刈っている」というワイルドさが評判の家でした。そこのお母さんとは内心仲良くなれそうだなぁと思ったのですが、この家が後に紹介する私の相棒・熊谷《くまたに》京子さんの家だったのです。

移住と同時に産休に入り、二年間の育休もとった私は、リフォームした古民家や周辺の田んぼや森を息子とお散歩するなかで、「こんなに満足した子育てができるのに、私一人で満喫するだけなんてもったいない！　もっとここでしかできない子育てをアピールして〝山村での子育て〟が選択肢の一つとなれば！」とムクムクと思うようになりました。

森のようちえんとの出合いは、智頭への移住の準備をしているころ（リフォームに二年かかった）に読んだ『デンマークの子育て・人育ち』（澤渡夏代ブラント著、大月書店）という本でした。ご存知のとおり森のようちえんはデンマークが発祥の地です。新聞で〝幸福度調査世界一の国・デンマーク〟と紹介されていたのを見て、そういう国ではどういう子育てがなされているのか興味をもったのです。森のようちえんを知り衝撃を受けました。なんて素敵な幼稚園だろう！　もし近くにあれば絶対わが子を通わせたいなぁ。いつか仕事の中で森のようちえん設立のお手伝いができたら……。そんなことを考えた記憶があります。

それが智頭に移住して子育てをするうちに、「仕事の中でするより、一母親として智頭にぴったりの森のようちえんをここにつくればよいのではないか！」と思いが変わったのです。

がけのぼり

◎行政との積極的なつながり

智頭に森のようちえんをつくるというイメージはかなりはっきりできたのですが、なにせ自分は移住者の身、人脈がありません。ただタイミングが良いことに、私たちが移住した年に、町づくりに興味のある人が集う町主催の人材育成塾が立ち上がっており、そこに夫婦で参加していました。一年目は出産もあり私は幽霊塾生でしたが、二年目には旦那に子守をお願いして、私が出席しました。ちょうど座学を重ねた塾生たちに、〝二年目は町づくりのために具体的に何かやりたい〟という機運が高まっていました。

そこで早速、「智頭町に森のようちえんをつくってはどうだろうか?」と提案をしてみたのです。すぐに森のようちえんについて勉強するグループが塾内に立ち上がりました。そもそも町づくりのために一肌脱ごうというやる気のある方々です。このメンバーの多くがその後〝智頭町に森のようちえんをつくる会〟のメンバーとなっていきました。今考えれば、人脈づくりでも町に一役買ってもらっていたのです。

勉強会では、フィールド探しや先進地事例として当時愛知県春日井市の「森のようちえん　ねっこぼっこ」の園長代理であった浅井智子先生の講演会を行いました。この講演を聞いて「絶対智頭町に森のようちえんが欲しい!」と火がつきました。浅井先生に「最初の一歩は簡単なこと。ただ、わが子を連れて森にお散歩に行けばいいんだよ」とアドバイスされ、講演会の翌月〝つくる会〟が立ち上がり、毎月一回〝森のおさんぽ会〟を行うことになりました。初回こそ〝つくる会〟メンバーの親子三組で始まりましたが、二回目からは口コミで広がり、一年間で延べ三〇〇人を超す参加者が集まりました。

このおさんぽ会を行うなかで、現代っ子でも森に入れば目をキラキラさせて生き生きと活動すること、森の中で子どもをみるというシミュレーション、森のようちえんに興味のありそうな保護者さんとのつながりなどの収穫があり、〝これはいける！〟という確信を得ました。

毎月のおさんぽ会をしている間、町では市町村合併派の町長から単独派の町長に変わりました。この単独派の町長が現在の寺谷誠一郎町長です。町長は選挙の公約で〝智頭町に百人委員会をつくる〟と宣言されていました。百人委員会というのは、町民のよいアイデアに町が予算を付けるという画期的な仕組みです。もちろんこの〝渡りに船〟のシステムに参画しました。百人委員会の教育文化部会の中でも、智頭町に森のようちえんを作るという企画は、すでに活動（おさんぽ会）を始めていることもあり、委員さんたちに承認され、その年の一二月には町長や町幹部相手に「予算を付けてください！」と直談判させてもらえる機会を得たのでした。

このように行政に要所要所で支えられながら、まるたんぼうはあれよあれよという間に形になっていきました。翌年一月には保

まるたんぼうの開園後の推移

	2009（H21）年	2010（H22）年	2011（H23）年	2012（H24）年	2013（H25）年
園児数（下段 すぎぼっくり）	4	13	21	35	28
					8
上記のうちの移住者数	2	4	4	6	10
保育スタッフ数	2	3	5	6	5
運営スタッフ数	1	1	2	5	3
保育料（月）（万円）	2万	2.5万	2.5万	2.5万	3万
事業費（千円）	5,160	11,077	20,054	31,044	22,457
町補助金（千円）	3,750	6,950	6,950	7,200	7,200

育士さんの募集を行い、二月には入園説明会を行いました。そして二〇〇九年四月に〝智頭町森のようちえん　まるたんぼう〟が開園したのです。

開園当初二名の園児と二名のスタッフで始まったこの活動も、表のように順調に推移していきます。百人委員会を通して事業が企画されたので、三年間という期限はあったものの、保育士さん一名分の人件費（二年目以降二名分）を丸々町がみてくれるという幸運に恵まれたのです。

しかし次の心配事は当然「四年目以降をどうしよう」ということでした。ところがこの問題も思わぬ解決策が現れます。多分町長のお力が大きいのだと思いますが、三年目になんと鳥取県に森のようちえんを支援する制度が新設されたのです！　おそらくこれは全国で初の取り組みだと思います。この制度は具体的には、森のようちえん活動を行うのに必要な経費（一般の保育園など以上に人員を手厚くする部分の人件費・車両の運行経費・フィールド整備費など）を県・町・園が三分の一ずつ負担するという制度です。これにより毎年七二〇万円の補助を県と町から受けられるようになりました。しかしこの制度も三年間という期限付き。二〇一四（平成二六）年度以降どうなるか、この本が出版されるころにははっきりする予定です。

◎まるたんぼうは二馬力で大成功！——相棒の話

森のようちえんが立ち上がるとき、保護者主体のもの（自主保育的なもの）と保育のスキルをもった方主体のもの（保育士・幼稚園教諭など）と大きく分かれるように思いますが、その分け方でいけば、まるたんぼうは保護者主体のものです。勉強会もつくる会も智頭町在住のお母さん・お父さんにより構成されていました。

まるたんぼうを開園したとき、私は運営と広報を担当し、現場づくりは前述のお母さん、熊谷さん（通称・京ちゃん）が担当することになりました。当初京ちゃんは雇用した保育士さん（山ちゃん）の補佐役ということだったのですが、男の子三人を育てる肝の据わりぶりを発揮し、見事な〝見守る姿勢〟を見せてくれました。資格はあれど山ちゃんは、幼児教育の場で働いたことがなかったこともあり（山男としての能力は遺憾なく発揮してくれていました）、まるたんぼうでの基本的な見守りのスタイルは京ちゃんがベースになっています。私が素晴らしいと思ったのは、子ども・保護者を含めてまるごと受け止める器の大きさでした。私が現在の子育てに最も必要だと思っている〝おおらかさ〟を彼女は兼ね備えていたのです。

また、彼女と私に保育の知識がなかったことも功を奏しました。〝教育的〟な声かけや、この年齢ならこんなことはできないという先入観がなかったので、子どもたちを型にはめず対等な人間関係を構築できたのです。そして徹底して子どもに任せるスタイルができあがりました。

その様子に驚いた地元のテレビ局（TSK、NHK鳥取）がドキュメンタリー番組にまとめてくれたくらいです。ちなみにTSK（フジテレビ系）のドキュメンタリーは賞を受賞し、二〇一一年には英訳され世界一三〇カ国に計六回流されるという快挙がありました。それを見てハンガリーから智頭町に移住してきた家族がおられるなど智頭町にも少しご恩返しができたかもしれません。

京ちゃんの、任せた仕事はキチッとこなしてくれる現場力の高さ。人柄。オヤジギャグ大好きなユーモアあふれるキャラ。そしていざというときに頼れる安心感。私はすっかり現場のことは京ちゃんにお任せし、現場に関する判断はすべて京ちゃんの感覚を当てにしていました。それほど彼女は頼れる相棒だったのです。また、彼女が開園前からつづったブログは評判になり、彼女の撮る写真と共にまるたんぼうを宣伝する大きな武器となりました。

私は運営に専念しました。とにかく使える補助金がないか。申請書を書きまくりました。そしてありがたいことに片っ端からゲットしました。パンフレットとマスタープランを作るために林野庁の外郭団体から、地元の劇団を招待するために地元銀行から、講演会を行うためにこども未来財団から（事情により後に辞退）、拠点とする古民家に厨房施設を入れたり改修するためにトヨタ財団からと。大学院生時代に研究費を自分で稼がなくてはならないという過酷な環境にあったことがこんなところで役に立ちました。やはり子どもを育てるには大人は極力手を出さないことだとこんなところでも感じてみたり。

そうして財源を確保しながら、森のようちえんでは画期的（？）な鳥取―智頭間（約四〇キロ）の送迎サービス、午後託児サービス（働くお母さんでも預けられるように）、朝と夕の延長保育（三年目のみ）、自園調理による週一回の給食（お弁当）の提供。そして何より保育スタッフが安心して保育に専念できるよう、保育スタッフ全員の正規雇用（福利厚生・賞与付き）などスタッフの労働条件や保護者さんの利用条件が少しでもよくなるように全力を傾けました。これはもちろん現場の素晴らしさあってのことですが、順調な園児数の増加（三年前より応募数超過の状況）にもつながっていると思います。

また、開園当初よりまるたんぼうに通園することがきっかけで、智頭町に移住する家族が出はじめました。最初は県内での移住（鳥取市→智頭町）だったのですが、昨年より県外から移住してくるご家族が出はじめたのです。これはこれまで支援し続けてくれている智頭町、鳥取県に最大の恩返しとなるだけでなく、森のようちえんをつくりたいと思ったそもそもの動機である〝山村での子育て仲間を増やしたい！〟という目的を達成しつつあるということにもなります。

しかし、うれしい悲鳴なのですが、地元（特に鳥取市から）のニーズだけで定員一杯になってしまう現状を打開するために、二〇一三年度に二園目となる〝空のしたひろば　すぎぼっくり〟を立ち上げることになりました。送迎や午後託児のサービスはなしのシンプルな形の森のようちえんです。こちらは各種サービスを控えた分、保育料をまるたんぼうより安く設定し、移住者の受け皿にしようという考えです。二〇一三年度は八名の園児（うち移住者五名）を京ちゃんが見守っています。こちらは原則補助金なしで運営できるスタイルを目指していきます。

◎現在の課題と夢

外からみると順調そうなまるたんぼうですが、前述したような徹底した役割分担のせいで、運営者と保護者さんとの接点が減り、両者の信頼関係が怪しくなってきてしまいました。運営者が「何をしているのかわからない」存在になってしまったのです。何をやるにも丁寧な説明が必要とされますし、こちらも信頼されていないのではという出来事に傷つく日々でした。〝あうん〟の関係での運営はできなくなってきていました。

そこで私も現場に定期的に出てブログを書き、週一回送迎バスの添乗スタッフをするなど、保護者さんとの接点を多くもつ努力を始めました。開園当初のように我が家で飲み会を行うなど、保護者さんとの〝飲みニケーション〟の復活も考えています。

役割分担ができたからこそここまで順調に大きくなれたまるたんぼう。だけどやはり森のようちえんの神髄は〝現場にあり〟なのです。現場での感動をスタッフと保護者が共有して初めて、運営もスムーズにいくのだろうなと今さらながら反省しています。今後、いまだに続くさまざまな失敗をまとめながら、〝運営者としての関わり方〟をまとめたいと思っています。そして補助金のありなしそれぞれの運営スタイルを確立し、県内に森のようちえんを広めるお手伝いができたらと考えています。

一人の人間が現場もやり、保護者対応もやり、運営もやり……では、森のようちえんができる人というのは一部に限られてしまいます。現場をやりたい人はおそらくたくさんいるので、そういう人をサポートし、森のようちえんを裏で運営し現場を支える存在が必要なように思われるからです。分業化が上手に進めば、森のようちえんはもっともっと広がり、園運営の安定にもつながり、ひいては保護者さんが利用しやすい園も増えていくのではないかと考えています。

第9章

普通の幼稚園が森のようちえんに変身！

生きぬく力をもった子どもを育てる

高知県…高知県認定こども園　学校法人日吉学園　もみのき幼稚園・めだか園　なんでもやる課　課長
兵等弥生

◎森のようちえんの立ち上げ

毎日森のようちえん！　私たちが毎日森に出かけるまでには、たくさんのいろいろな出来事がありました。その経緯をお話ししたいと思います。

二〇〇四年三月、もみのき幼稚園・めだか園の前身である「もみのき保育園」は、病院の院内託児所として設立されました。当初より院内の方への保育提供のみならず、地域の方にも安価な保育料で質の高い保育を提供したいという内田泰史理事長により運営されていました。小さな託児所ではありながら、園児数四〇名を超える規模となっていました。

そのころ、園近くの鳥越地区にある鳥越幼稚園（一九七六年一月設立）は少子化の影響か、園児数が二〇名程度になっていました。ご縁があり、二〇〇八年四月より運営を引き受け、その後の二年間は、従来の学校法人の普通の幼稚園として運営をしてきました。

当時幼稚園は、園児数の減少により保育室が余っており、一方、院内託児所は園児の増加により手狭になっておりました。そこで、二〇一〇年に二つの園を合併し、認定こども園として新たに生まれ変わりました。幼稚園型として認可外保育所を併設し、「もみのき幼稚園・めだか園」として園名も変更しました。園名の由来は、内田理事長が運営する病院内託児所、もみのき保育園の「もみのき」をいただき、〇～二歳児の保育所部分は、小さくてかわいらしいという意味と、園の近くを流れる龍馬も泳いだ鏡川にいる「めだか」を採用しました。

こうして森のようちえんとして、〇～五歳児までの六年間一貫教育を行う園として幼稚園は再スタートをしました。

◎内田泰史理事長の思い

もみのき保育園設立のころより、理事長は「自然の中での体験が重要であり、その子にとって一度しかない就学前の一番大事な時期に関わる者としての責任の大きさを常日頃より自覚するべきだ」と、熱い思いを語っていました。「六年間だけでなく、その子がどんな大人になるのか。そのことに対し、私たちは責任をもたなくてはならない」と。そして、「地域の方やお年寄りとの交流も積極的に行うように」と言われました。

保育園設立当初から現在に至るまで、園の電話は二四時間園長につながるようになっています。保護者の方や、地域の子育て世帯の方などが困ったときにいつでも相談できるようにとの配慮です。これも、理事長の大きな愛の表れの一つだと思います。

このように、別々の園が一つになり、従来の幼稚園教育で保育・教育を行ってきた者と、ある意味自由な保育を行ってきた者とが一緒に仕事を始めたのですから、合併当初は職員の中にいろいろな思いが交差したのも無理はないことだと思います。

理事長「毎日、外で保育を行う」

職員「毎日は無理です。教育要領にある教育が行えません」

理事長「自然の中でできないことなど何もない。毎日森に出かけてこそ、意味のあるものになるのだ」

理事長と職員の意見の違いに挟まれ、正直、大変な毎日でした。

しかし、毎日園外で活動することを積み重ねることで、職員の意識が変わってきました。外でできないと思いこんでいた音楽や絵を描くことも、子どもたちと共に楽しむことができています。いろいろな体験をしてもらいたいという思いで行ってきたさまざまな行事。貝掘りやグラスボートに乗船してのサックス演奏鑑賞。本物の音楽に触れてほしいという思いからでした。

また、山登りはもちろんのこと、あるときには落語を楽しみ、お腹を抱えて笑ったりしたことでした。関連施設にいるポニーやヤギ、ウサギやニワトリとも触れあっています。触れあうことの大切さを痛感するのは園近くの関連する福祉施設で行われる、お年寄りとの交流です。大切に扱ってもらえるうれしさを感じながら、子どもたちも優しくお年寄りに触れる。核家族が多いなかで、お年寄りたちも目に涙を浮かべ、子どもたちが来るのを待ってくれています。

毎日行う自然の中での保育の様子は、ホームページ上のブログ

農園にて。「おおきくなーれ」

で毎日配信し、連絡帳では、森のようちえんでの様子を毎日語り、園児全員分の写真を毎日貼っています。これも、「毎日は無理です」という職員に対し、「やれないことは何もない」という思いで取り組み、今では当たり前のようにブログ配信・写真掲載を行っています。保護者の方々から「宝物です」と言ってもらえるようになりました。

◎もみのきシステム

当園は、年末年始の四日間を除く毎日、土日祝も保育を提供しています。仕事をされている保護者の方のニーズに応えられるシステムになっています。朝は七時から夕方六時半までと長時間開園しています。長時間利用の子どもたちへの配慮も、しっかり行っています。そのおかげか園児五八名でスタートした森のようちえんも、現在一六〇名と三年間で驚くほど増えました。自然の中での保育・教育と、保護者の働きやすいシステムの二要素が保護者の賛同を得られた大きな理由だと思います。

当園の定員数は一九五名。まだ園児は増えるみこみです。それに伴い当初二〇名程度だった職員も現在四〇名（短時間パートも含む）と増えています。職員数が増えれば増えるほど、職員間の連携が難しいと感じます。私の業務の一つに職員指導があります。職員評価の方法として当園は目標管理シートを独自に作成し、個人別に目標を設定し、管理、評価を行っています。一年間を通しての指導、そして振返りを常に行っています。

知識や技術、森に対する思いもそれぞれに違う四〇名の目標を、園目標・クラス目標にあわせ、また、一人ひとりの能力にあわせ相談し設定する作業は時間と労力のかかるものとなっています。しかし、「人を育てるには時間をかけるべし！」の理事長の教えどおりに時間と気持ちをかけて、一人ひとりに関わっています。以上のような職員指導を経て、保育現場で十分に能力を発揮できるようになっているのだと思います。

◎森のようちえんである理由

今なぜ、森のようちえんなのか？　自然が多く、森林率八四％（日本一）を誇る高知でも子どもたちが自然の中で過ごす時間はとても少なくなり、交通の便が良くない分、ドアトゥドアの生活が普通となっています。私たちが子どものころ、普通に行ってきた自然の中での遊びが日常で行えなくなってきている現状があります。脳神経外科医でもある当園理事長は、乳幼児期の自然体験で感性が高められ、五感が研ぎ澄まされるとおっしゃいます。自然体験する場面が少なくなっている今だからこそ、森のようちえんでの活動が重要だと考えます。

目的

①子どもたちが本来もっている危険予知能力やコミュニケーション能力が低下している現状を脱却するために、自然の中で四季を感じながら、友達と感動を共有し豊かな心を育む。
②異年齢との関わりのなかで、他人への思いやりの気持ちをもちながら表現力やコミュニケーション能力を高めていく。
③自然の中で森と融合して遊びこみ、集中力を養う。思う存分体を使って遊ぶことで運動能力を向上

させ、体力・抵抗力の増進をはかる。

④安全に遊ぶためにはどうすればいいのか？　など、子どもたちが自分で考える力を身につけながら、命の大切さや尊さにも気づいていけるのではないかと考えています。

効果

①多様な自然環境の中で活動し、行動することで体への直接の刺激が与えられ、歩く、登る、飛び降りる、ぶら下がるなど、さまざまな効果が感じられます。身のこなしができるようになり、臨機応変な対応ができるようになっています。

②体力が向上して体を動かすことへの抵抗感もなくなってきており、雨の日も「今日はどこへ行くの？」と目を輝かせて聞く子どもたちです。

③森での遊びは自分一人で遊ぶのではなく、互いに共感・協同しての遊びが多く、自然の中でさまざまな自然事象に出合い、子どもたちが興味を示すことが多様になってきています。

④子ども同士の人間関係において、相手の気持ちを考えたり子ども同士で助け合い、手助けをしたりする姿も見られ、思いやりの心が育っています。

⑤森には自然の事物が豊富にあり、不思議だと思うことがたくさんあるので、会話に不自由することがなく、会話も弾み、コミュニケーション力も向上していると思われます。

まとめ

当園では「体・頭・心」を幼児期に育てることが大切だと考えます。
①「体」…健康で丈夫な体作りが土台になると思います。
②「頭」…知識を中心とした学ぶ力を育てることではなく、知恵を中心とした学ぶ力を育てること。遊びを通して、子どもは人間関係や問題への対処能力を身につけていきます。
③「心」…知恵を育てることにおいても、自己肯定感は大切です。失敗を繰り返しながらだんだん身についていきます。そして、失敗しても恐れずにチャレンジし、「何とかなる！」という気持ちにつながっていきます。自分に自信がつき、自分のことが大好きな子どもになり、自分のことを大事にできるようになります。そして、友達のことも大事にできるようになります。

私たちが森のようちえんであることを選んだ理由が、そこにあると思います。いつまでも「生きぬく力をもった子どもを育てる園」でありたいと思っています。

◎全国の森のようちえんの仲間たち

森のようちえんは、日本全国に広がりをみせています。いろいろな地域で、森のようちえん活動が行われ、団体のあり方もさまざまだと思います。地域差や土地柄の違いも活動内容の違いに反映されると思います。それぞれの園が、園の周りにある人も含めての保育環境を生かしながら環境構成をする。そして、それぞれの環境の違いを生かしながら、森のようちえんの活動が深まればいいと思います。南国高知でも全国フォーラムが開催できるよう森のようちえんとして活動内容の充実を図っていきたいですし、これからも日々精進し、子どもたちのための森のようちえん活動を行っていきたいと思います。

第10章 温かさに囲まれて森の中できらきらと駆ける
融合型森のようちえんの願い

岐阜県…学校法人渡辺学園　ながら幼稚園　教諭　大矢美佳

二〇一三年で四年目となった、ながら幼稚園の森のようちえん活動。ながら幼稚園は一九三四（昭和九）年に設立され、地域の子どもたちの成長を育んできました。四季折々の日本の古き良き伝統を感じられる活動を大切にしながら、異文化体験のできる活動や情報教育なども行っている認可幼稚園です。そんな私たちの幼稚園で森のようちえん活動を行うことになったのは、本書の編著者である今村光章先生からお誘いがあったからです。大人も子どもも森に出かけるたびに森に慣れ、楽しみ方をみつけられるようになり、今では園全体で、月に二回から六回程度活動を行っています。

◎普通の私立幼稚園での森のようちえん活動

活動を行うのは年中児・年長児です。森のようちえんの日には、子どもたちは虫かごや水遊びに使う靴や着替えなどを持ってハイテンションで登園してきます。そして一〇時ごろ園バスに乗りこみ、一〇分くらいで森に到着します。

「クモの巣がいっぱい！　マンションみたいや」「この石の下に虫が入ったぞ」と道草を食いながら小川の広場まで歩いていくと……そこにはロープウエーやブランコ、カーゴネット、ハンモックなどの〝森のゆうえんち〟があります。子どもたちが到着するまでに、今村先生や英語講師の先生やバスの運転手さんも一緒になってゆうえんちの用意をするのです。かばんを下ろすや否や、子どもたちは森の中へと駆け出していきます。遊具で遊ぶ子、がけを登ってズボンを真っ黒にする子、落ち葉のえさを付けた釣りざおで魚釣りごっこをする子、「ここが露天ぶろで、ここがキッチンね」とおうちごっこを楽しむ子、子どもたちは森の中で好きな遊びを見つけ、遊びこんでいきます。森にはおもちゃはありません。でも遊びはたくさんあります。落ち葉一枚、小石一個でも魚釣りのえさに見立てられますし、むしろそのほうが「大きい魚はおいしいえさがいるんだ」と子どもたちのイメージは膨らんでいくかのようです。

「せんせい、おなかすいた！」。あっという間に腹時計が鳴り、おにぎりタイムがやってきます。葉っぱのネックレスを着け、みんなで作った秘密基地の中に気の合う仲間がぎゅうぎゅう詰めになって、お母さんが作ってくれたおにぎりをいただきます。

一時を過ぎると「森の神様ありがとう～」とお礼を告げ、園バスに乗り幼稚園に帰っていきます。「どういたしまして」……「あれ、神様の声がした！」。ここでも運転手さんの出番です。木の陰に隠れて神様の声を出しているのでした。

秘密基地の中で食べるおにぎりは格別！

◎三〇歳を目前に仕事を辞めて短大入学――森のようちえんにたどり着いた経緯

私がながら幼稚園の森のようちえん専任教諭となって二年目となりました。同時に幼稚園教諭二年目でもあります。以前、私は四人の子育てをしながらパートをする主婦でした。そのパートというのは室内でプラスチックブロックやパソコンを使ったワークショップをする幼児教室の先生でした。この教室で子どもの心情や体は育まれるのだろうかと日々疑問を抱きながらの仕事でした。

そんなとき、木更津《きさらづ》社会館保育園の山里保育のドキュメンタリー番組を見たのです。それは衝撃でした！　自然に溶けこみ自然の中に生かされているという実感を通して、体も心もたくましくなっていく子どもたちを見て、「自分の子どももこんなふうに育てることができたらいいのに」と心から思いました。すぐに本やインターネットで探すうち森のようちえんというものを知り、早速、行事型の「ぎふ☆森のようちえん」に参加。すっかり森のようちえんがもつ魅力にはまってしまったのです。三〇歳を目前に一念発起し、仕事を辞めて短大の幼児教育学科に入学。花の短大生活を終えると同時に森のようちえん活動を行う幼稚園へと就職をし、今に至ります。

◎自発的で創造的な子どもたちの遊び

ながら幼稚園の森のようちえん活動は年中児・年長児とも八〇人程度が一斉に森へと出かけます。五月ごろ活動が始まる前には子どもたちとさまざまな〝おやくそく〟をします。先生が見えないところへ行かないこと、下り坂では走らないこと、やぶの中へ勝手に入らないこと、トイレは大人の人と行くこと……スズメバチやムカデ、ウルシの拡大写真を使い注意を促します。

森のようちえん活動が始まるまで、森に行ったことがない子も少なくありませんでした。春にはたんぽぽの広場で綿毛を飛ばしたり、イノシシのおふろを見に行ったり、水路を歩いて橋の下のトンネルをくぐったりと「森の探検隊」となって森に慣れていきます。時に遊具やシャボン玉をすることで、新しい場所に抵抗のある子どもたちも楽しめるよう工夫しています。暑い夏は小川で水遊び、実りの秋はヨウシュヤマゴボウを使った色水遊び、冬には秘密基地作り……と季節を感じられる遊びを、子どもたちの姿や自然に合わせて計画しています。

虫が好きな子も苦手な子も、体を動かすことが好きな子もそうでない子もそれぞれが「自由に」好きな遊びを見つけ遊びこめるよう「森のコーナー遊び」も取り入れています。幼稚園での活動では、先生が用意した道具を使って決められた遊びをするというように、得てして子どもたちは受け身になります。そのため、森のようちえん活動を始めたばかりの年中児に森の中で「自由に遊んでいいよ」と言ったとき戸惑う子もいます。そんなとき先生は焦らず寄り添い、幼稚園でその子が気に入っている遊びをもちかけます。幼稚園でよくままごとをしている子とは、大きな葉っぱをお皿にしてナンテンの実やドングリをのせて一緒にご馳走を作ったり、ただ手をつないで歩く、そんな時間も大切にしています。けっして無理強いや押し付けの遊びはせずに見守るのです。

そうして活動を重ねた年長児の遊びはとても創造的です。小川遊びでは、竹を半分に割った〝樋《とい》〟が用意してあります。樋をつなげて水路を作ろうとしますがなかなか水が流れません。活動を何日か重ね、友達と相談しながら試行錯誤するうち、水は高いところから低いところへ流れるから、樋は下へ下へと重ねなければならないことを発見しました。色水遊びコーナーではヨウシュヤマゴボウの生えている所を探して実を摘みに行き、石や枝でつぶしてジュース屋さんごっこをしていると、誰かがヤマグミの実を持ってきて「こっちはどんな色やろ」とつぶしてみる。するとそれを見た誰かが「葉っぱつぶすとみどりになるんかなぁ」と試してみます。「みどりやないやん！　おちゃのいろや！」と遊びに広がりをみせていきました。作った〝ぶどうジュース〟を枝の先につけて紙に絵を描こうとする子や、実の中から出てきた種を「まいたら芽がでるかな」と試してみる子など、積極的に自然と関わろうとする姿が見られるたびに森のようちえん活動の意義を感じています。

この他にも、自分とは違う考えをもった友達に刺激を受けたり、みんなで力を合わせて大きな木を運んだりというように子ども同士の関わりがより深まったこと、平らな場所でなくても駆け回ることができる体力が付いてきたこと、そして「こんなことがしたい」という積極性が出てきたことが成果といえると思います。

◎森のようちえんにかける願いとは

便利になった今日、子どもたちはメディアなどを通して「自然」というものの知識はあっても自然に触れる体験がとても少なくなっていると感じています。子どもたちは本来、五感を研ぎ澄ましてさまざまなことを感じ、遊びを考え出す力をもっており、その力を発揮して遊ぶ機会をつくってあげたい。感受性期である幼児期にこそ自然を直接感じ取る体験をさせてあげたいという願いをもって活動をしています。

森は安全基準が満たされた幼稚園の中とは違って雨が降ってきたり雪だって降ります。毛虫が木の上から降ってくることもあるかもしれません。ごつごつした岩の場所で走ったら転ぶかもしれません。たき火に近づきすぎて「あっちぃ！　目がやけどしそうや」という体験だって、危険を排除し整備された建物の中では経験できません。しかし子ども自身がヒヤッとする体験を重ねることで、ある程度の危険は子ども自身が察知したり回避しようとする力を育みたいという思いもあります。

しかし、一般的な認可幼稚園であり、通常の教育時間を使って森のようちえん活動を行っているので全員参加が原則です。心身共に成長の度合いや興味・関心の異なる園児全員の安全をいかに確保するかが最重要課題といっても過言ではありません。

そのため、大きな怪我や見失い事故などが起こらないよう、なるべく多くの大人の目で子どもたちを見守りたいと呼びかけ、ボランティアの保護者にも引率をお願いしています。来てくださる保護者サポーターの方は、毎回一〇人程度で、遊具周辺の見守りやトイレへの付き添い、また母親目線で子どもたちに水分補給を促したり着替えのお手伝いをしたりしてくださいます。

森の中で調理をするときにも、お母さんサポーターの応援はなくてはなりません。安全管理のための保護者サポーターですが、森の中で友達と関わる姿、苦手だと思っていた虫を捕まえようと野原を駆け回る姿、大人の手を借りず頑張ってがけを登ろうとする姿、そんなわが子の成長を間近で感じられる機会でもあり、サポーター同士の会話も弾み保護者間の交流も深まっているようです。

◎森の縦割り保育

「森の縦割り保育」も実現しました。年中児・年長児が一緒に森に出かけるのです。普段、幼稚園でも園庭で遊ぶときには全学年が一緒になって遊んでいますし、遠足やハロウィンなどの行事でも異年齢のペアで活動を行う機会があります。そうした園での活動を踏まえたうえで、より深い異年齢の関わりを期待して計画しました。

活動日の数日前に、一緒に出かけるクラスで〝作戦会議〟をしました。「秘密基地をつくろうよ」という年長児に対して「ひみつきち？　それ何？」と言う年中児に、「木とか枝とか使って家を作るんや」「おれらが教えたるわ」「まず木を横にして、そこに……」と誇らしげに説明を始めました。ひも、段ボール、スコップ、布、袋など持ち物を子どもたちが決め、ついに当日。

子どもたちが家で描いてきたという設計図を握りしめ森へ出発！　慣れた様子で大きな木を探す年長児の様子を見よう見まねで年中児も枝を探しはじめました。自分たちの基地を作ることに夢中になっている年長児は、その場では手取り足取り年中児にご指導……というわけにはいかないようです。

でも、年長児のすることを年中児はよく見ているのです。それまでコケの付いた木や、湿って黒っぽくなった木は抵抗があって触ることができなかった子も、いつしか基地の壁を作りたい一心でへっちゃらになっていました。年長児と一緒に遊ぶことで、行動範囲が広がり、新たな遊びを覚えたようです。それはけっして大人が「教えた」のではなく、年中児が自分から見て「学んだ」ようにみえました。

学ぶことができたのは年中児ばかりではありません。おにぎりを食べるとき、地面じゃなく木の上に座るとお尻が痛くならないよと場所を譲ったり、歩くのが早すぎると年中さんがついて来れないなと、石や溝に気遣いながら年中さんの手を引く姿から思いやりの気持ちを学んだことがうかがえました。

◎偶発的で多様な表情をもつ自然の中で

与えられたおもちゃがなくても、自然の中で遊びを見つけ出し、自分たちが思い描くイメージで自由に遊びこむ。ある程度の危険は自分で回避し、身を守る。遊びも危険も年長者が年下へと受け継いでいく。年長者に憧れをもったり、大きい子が小さい子を思いやる。他者の考えを認め合うことで信頼が生まれ、コミュニケーションが密になっていく……それらは、大昔から続く、子どもたちの当たり前の姿ではないかと思います。

現代の子どもだって本質は変わっていないと思います。ただ生きる環境が変化し、発揮する場面がなくなってしまっただけ。また、子どもたちは理論立てて「こうすることで体力が身に付くんだ」なんて考えたりしません。遊びながらかすり傷をいくつも作ることでいつのまにか学んでいくのだと思います。そのための遊びは、大人が考えた押し付けの遊びではなく、時に大人が「こんなのがおもしろいの？」と疑問をもつようなものであっても、子ども自身が自主的に考えたものでなくてはならないとも思います。

偶発的で多様な表情をもつ自然の中で、さまざまなものに興味をもって関わることで遊びが生まれます。チャレンジしては失敗し、次はどうしようと考えるようになり、成功するとまたチャレンジしたくなる……そんないきいきとした子どもの姿を応援したくて、先生はただ興味がもてるようにちょっとだけお手伝いをします。保護者サポーターの方へもその理念は行き届いており、子どもたちの発見に共感し、手を出しすぎず、見守りに徹しています。

ながら幼稚園の子どもたちはそんな温かさに囲まれ、今日も森の中できらきらと駆け回っています。

第Ⅱ部◉もっと森のようちえんを知るために

第11章 森のようちえんの運営形態について

日本型森のようちえんの特徴

京《みやこ》エコロジーセンター 白戸渓子

日本の森のようちえんは多様で、数多くの運営パターンが存在しています。では一体、誰がどのように森のようちえんを運営しているのでしょうか。運営という観点から、日本の森のようちえんを六つのパターンに分類してみました。

◎森のようちえんの運営形態

A　個人保育　親子間での自主保育活動を指します。「保護者＝保育者」で、保育者自身が保育活動の内容を計画します。一人の保護者が自分の子どもを自然の中で保育したことがきっかけとなりスタートするパターンです。一番規模が小さい森のようちえんです。個人の保育活動から発展していく場合で、デンマークにおいて森のようちえんがスタートしたときも、このパターンから発展していきました。

B　個人保育の組織化

自分の子どもだけを見ていた保護者やAに子どもを預けていた保護者の組織化が進み、互いに預け合う保育活動に発展することで生まれます。預け合いを通して共同保育となり、森のようちえんを実施していくパターンです。自分たちで保育方針や具体的な活動を計画し、保育活動も実施していきます。開催頻度は週一～五回まで、それぞれの組織の規模や形態によって異なります。

C　保育士など専門の知識をもった保育者の参加

保護者により組織化された保育者の中に、保育士資格や幼稚園教員免許状を有する人や、野外教育や環境教育の指導者としての資格をもった人が加わるパターンです。保護者と共に専門の知識がある保育者が共同で保育計画を立てて保育活動を行います。

Cの中には、保育士だった親が「自分の子どもを自然の中で育てたい」と思って関わる場合があります。また、自主保育を行っていた保護者が森のようちえんの運営を通して専門性を求めるようになり、保育士資格を自ら取得し運営する場合もあります。新たに保育士を雇用して共同で運営を始める場合もあります。育児サークルや子育てサロン、子育てひろばと呼ばれる

図1　「森のようちえん」の運営形態による分類①

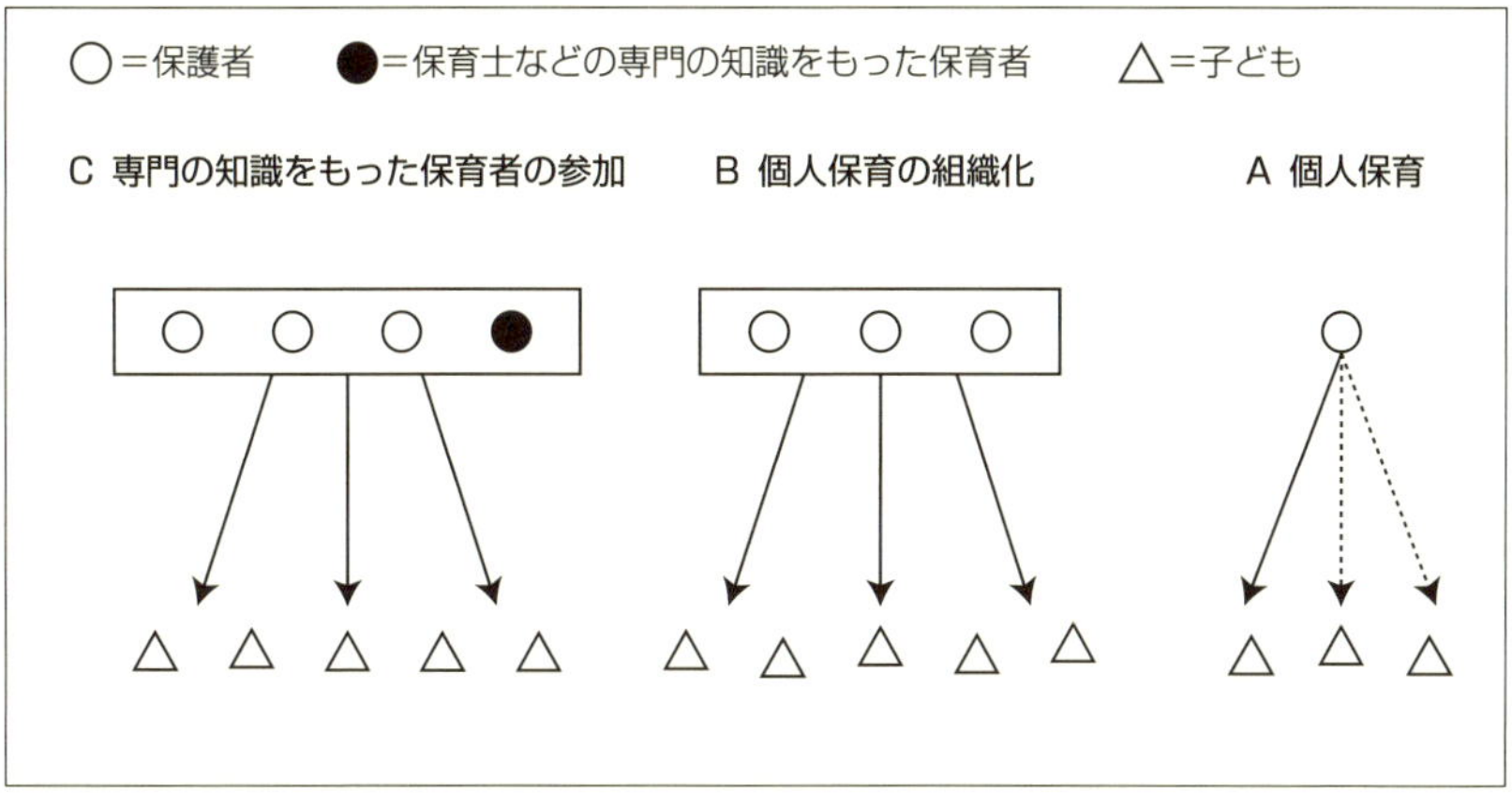

団体が運営する森のようちえんにこのパターンが多くみられます。

D　保護者が専門家を雇用　保育活動の計画は、保護者と保育者の共同で行う場合／保護者のみが計画に関わる場合の両方があります。しかし、保育活動自体は専門家のみが行います。パターンDは、Cから移行する事例が多いですが、形成過程により二つに分けることができます。

一つめは、自分の子どもの保育を行っていた保護者が、自分の子どもが卒園した後も継続して活動に関わるパターンです。自主保育の場合、一般的に保護者は自分の子どもが小学校へ入学すると保育活動からは離れます。しかしこの場合は、元保護者が保育者として残り、運営と指導を続けています。

二つめは、同じようにCの延長にあたりますが、外部から保育者を導入する場合です。保育計画の作成など保育活動自体の運営に関する業務は、保護者と保育者が共同で行いますが、保育活動自体は保育者が完全に独立して行っています。

E　保護者ではない保育者が運営　「保育者＝運営者」のパターンを指します。保護者は運営にも保育活動にも関わりません。

図2　「森のようちえん」の運営形態による分類②

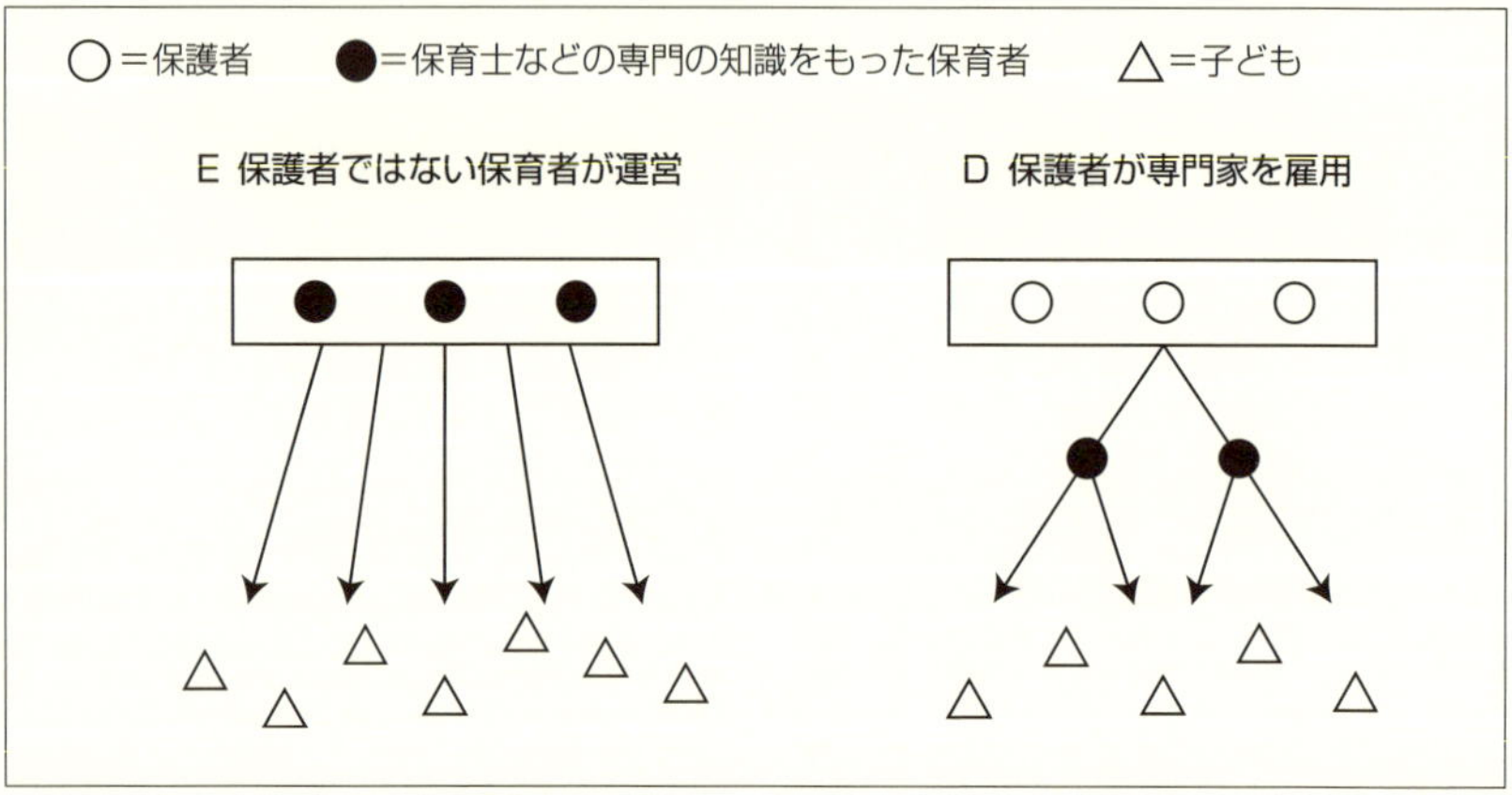

保育者によって保育者の組織化が進められ、保育計画づくりや保育活動、運営業務まですべてを行います。保護者が保育活動に入る場合もありますが、見学もしくは活動補助に限定されています。

具体的には、個人が運営するもの、NPO法人格をもつ団体、認可外保育施設、自然学校と呼ばれる青少年教育や自然体験活動の施設や団体により運営・開催するもの、認可幼稚園、認可保育所が行う森のようちえんもあります。

一方、個人が専門的な立場から保育者として森のようちえんを組織し、対象者となる子どもを集め、保育活動を始めていく場合もあります。どちらにせよ、当初は規模が小さいですが、子どもの数に見合った保育者と保育スペースの確保など条件が満たされた場合、認可幼稚園や認可保育所として発展するケースもあります。

Eの森のようちえんは実施主体がさまざまで、現在の日本の森のようちえんにおいて最も運営形態が多岐にわたっているといえます。さまざまな団体や教育施設による幼児を対象にした森のようちえんという呼称の教育活動や保育活動、催しまで含めた開催が近年急増しており、週末ごとに開催されているもの、長期休暇中に一週間から数週間単位の長期間で実施されるものなども含まれています。

都市部で生活する親子を対象にした森のようちえんには、都市公園での開催を基本においた週末実施型の森のようちえんや、夏休みや冬休みなど季節ごとに二日～五日間程度、都市郊外または、深い自然に恵まれた場所で実施されているものがあります。後者は自然学校主催のものが多く存在し、都市部から参加する親子が圧倒的に多いのですが、比較的身近に自然と接することができる会場近くの参加者の割合も高いです。背景には、自然に恵まれた地域においても実際には自然と関わって遊べない子どもたちや親世代の存在があります。

また、認可幼稚園・保育所でも森のようちえんの活動内容や実施形態は園によってさまざまです。大きく分けて「日常的な活動」と「特別活動」の二つです。前者は、日々の保育活動の中に屋外での活動を取りこみ、ほぼ毎日屋外での活動時間を設定し、対象となる園児の年齢や季節、天気に合わせて半日から全日を園舎の外で過ごします。日常の屋外における保育活動に加え、その内容を発展させた宿泊体験や、年長児を対象にした登山など、さまざまなプログラムが行われています。

後者の特別活動として森のようちえんを開催する園は、週一回~月一回の実施など、園によって活動頻度はさまざまです。年間行事の一つとして森のようちえんを開催している園の多くは、指導者を外部から招いて実施しています。外部から指導者を招き、園舎周辺の屋外で過ごすパターンと、指導者がいる施設やフィールド・公園に園児が移動して活動するパターンがあります。特別活動として森のようちえんを実施していた園が、日常の保育活動に森のようちえんを組みこんでいく転換を始めた積極的な園も出てきています。また今までまったく森のよう

図3 「森のようちえん」の運営形態による分類③

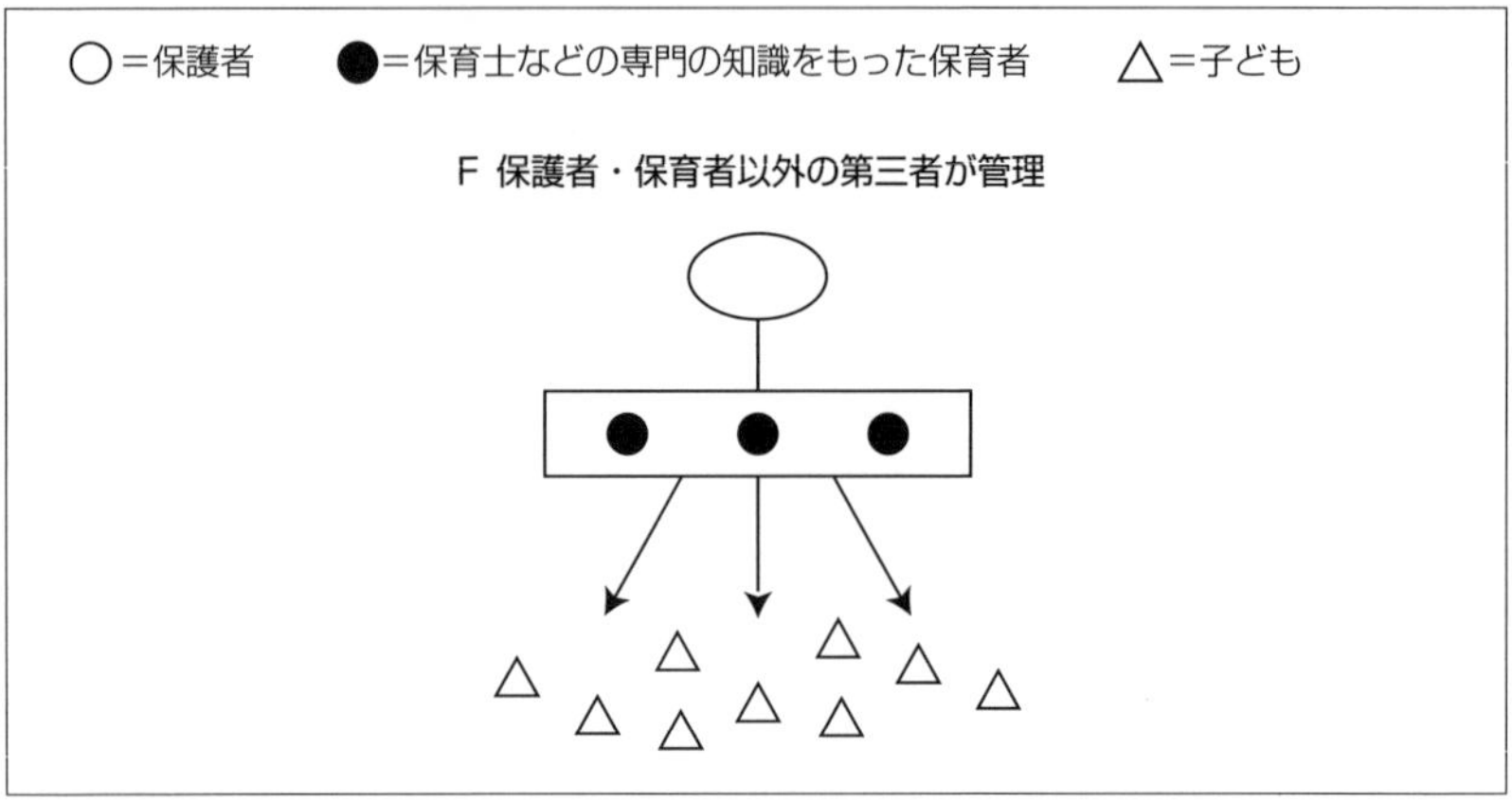

ちえんを行っていなかった園もこのような活動を少しずつ取り入れようとしている事例が近年増えてきました。

F　保護者・保育者以外の第三者が管理　第三者が介入する森のようちえんです。民間企業やＮＰＯ法人格をもつ団体が保育者を雇用して管理を行い、実施する場合です。日本の現状としては実際にまだ多くはみられていないパターンですが、今後、多くの事例が発生する可能性のある運営形態といえます。行政が運営主体として関わり、保育者を雇用し運営を行っているという例もみられます。

◎運営形態による分類からみえてきた特徴

運営形態を六つに分けましたが、すべての森のようちえんがぴったりと上記のパターンに当てはまるわけではありません。いくつかのパターンを行ったり来たり繰り返しながら、長年活動が継続されている森のようちえんもあります。一つのパターンの中であっても、発展経過により運営形態に差が出ています。また、保育計画や活動内容、子どもとの関わり方や自然との関わり方によって一つひとつの森のようちえんは個性的で、大きく違ってきます。この多様性にこそ森のようちえんの本質があります。

森のようちえんに関わる人たちにお話をお聞きしていますと、「自然の中で子どもたちを育てたい」という思いだけではないようです。保護者は「自分の子どもの子育てを自給すること」、保育者は「既成の園では実現できなかった理想の保育をデザインし、実現すること」など、それぞれの期待感をもっていました。この手作り感こそ森のようちえんの大きな魅力であり、多様性が生まれる理由です。掲げている看板が同じでも、保育や森に対するとらえ方も実にさまざまで、それぞれ関わっている保育者や保護者がご自身でつくられた保育スタイルが存在します。そのため、曖昧な点が多いようにみえるかもしれません。

しかし、多くの人々が、現在の幼児教育や保育に対して保護者や保育者が抱いている疑問を解決するための役割を森のようちえんに求めながら関わっています。今まで、専門の知識をもつ人々とその保育システムに委ねていた「保育」を、保護者と個々の保育者がつかみ返し、「森の中で自給自足していく」ことができるからです。その魅力によってそれぞれの森のようちえんは独自に動き、拡大を続けています。同時に、再び専門化・システム化し、少子化対策を迫られる民間教育産業によって商品化が進んでいる傾向もあります。

今後も保育の「自給自足」を実現する森のようちえんの動きはなくなることはなく、静かに成長を続けるのではないでしょうか。また、これからは森のようちえん卒園後の子どもたちのための教育活動に関する動きが、活発になることも予想されます。森のようちえんは、これからの日本の教育のあり方について、さまざまな立場の人々が集まり「考え・創造する」場として発展していく可能性を感じるほど、魅力も勢いもある教育活動であると、私は思います。

行政、私立保育園、大学が関わる森のようちえん「鹿留こどもふれあいの森」事業（山梨県都留市）

第12章
森で子どもと未来を育む
生きものの倫理の経験を通して

京都教育大学　岡部美香

◎はじめに

森のようちえんは、デンマークで始まりドイツで盛んになった保育活動です。日本でも、一九九〇年代に紹介されて以降、活動の輪が全国各地に広がりつつあります。ヨーロッパから遠く離れ、自然や文化が異なっていても、なぜ人は森で子どもを育てたいと思うのでしょうか。森とはいったいどのようなところであり、そこで子どもは何を経験するのでしょうか。

◎古《いにしえ》の森

森といえば、白雪姫が七人の小人と暮らした森やヘンゼルとグレーテルが迷いこんだお菓子の家がある森を思い浮かべる人もいるかもしれません。幼いころに親しんだグリム童話やディズニーの映画に出てくるこれらの森はほとんどがヨーロッパ（特にドイツ）の森です。

日本の風土に育まれた森の例を挙げるなら、映画『となりのトトロ』に描かれている「塚森」がその一つでしょう。サツキとメイが引っ越してきた家の裏手にこんもりと繁るこの森には、白い小さな鳥居があります。それをくぐって細い階段を上り、うっそうとした木々の間を抜けて頂上までたどりつくと、そこには小さな廃屋があり（神社の拝殿でしょうか）、その横には、しめ縄がはられた巨大なクスノキが天に向かってそびえています。このクスノキに、不思議な生きもの・トトロが棲《す》んでいます。

塚森のように、神社の鳥居や建物を取り囲んで木々が生い繁っている森は、古くから日本各地に見られました。生物学と民俗学の分野で活躍した南方熊楠《みなかたくまぐす》によると、日本には古来、老樹大木だけがあって拝殿などの建物のない神社が多かったといいます。そもそも神社は、人が作った建物のことではなく、神聖とされる大木や巨大な岩石、またはそれらを祀《まつ》る広場を取り囲む森のことをさしていました。『万葉集』では、「神社」や「社」という字をもりと読んでいたそうです。時代が下るにつれて、「木」と「社」を合わせた「杜」という字ももりと読まれるようになりました。

古の人びとは、なぜ大木や巨大な岩石やそれらを取り囲む森を神聖なものとしてあがめたのでしょうか。それらはかつて陸や海を行く人びとの目印だった、と熊楠はいいます。四方を海に囲まれた島国である日本には、生きて暮らしを立てるため、みずからの生命を危険にさらしながら海で魚を獲《と》る人びとがたくさんいました。彼らの航海を安全に導いてくれたのが、沖からもはっきりと見える大木や巨大な岩石、そしてそれらを取り囲んでこんもりと繁る森でした。洪水のときや船が難破したとき、それらを目指して泳いで助かった、という話も多く伝わるといいます。森は、陸の上だけではなく海の上でも、人びとを生命の安全へと導いてくれる存在でした。

また、日本には、森と呼ばれる山がたくさんあります。大森、黒森、高森などが一般的ですが、愛媛県の石鎚《いしづち》山系に属する二ノ森（一九二九m）、瓶ヶ森《かめがもり》（一八九六m）、西黒森（一八六一m）、岩手県の安家《あっか》森《もり》（一二三九m）など、一〇〇〇mを越える山もいくつかあります。周囲のどこから見ても尾根や峰の形が人びとの目印となる高い山はもちろん、低い山や里山も、要所に社や祠《ほこら》が立てられ、あがめられてきました。映画『もののけ姫』の舞台である「ししがみの森」は、このような山＝森です。

全国的にみても山＝森がとりわけ多い東北には、人が亡くなることを「山に旅立つ」と表現する地方があります。農業と林業を生業《なりわい》とするこの地方の人びとは、亡くなると山に行き、そこで大いなる自然や自分の祖先と一体になるといいます。そして、これまで日々の糧《かて》や薪や家を建てるための木材を与えてくれた自然を今度は大切に守り育てながら、子孫の暮らしを見守る先祖になるのだそうです。このように、山＝森もまた人びとの生命や暮らしを支えていました。

人が生きて暮らすのに必要なものがあるとはいえ、海や山は元来、人のために作られたものではありません。そこには、人とは異なるさまざまな生きものが満ちあふれています。また、大きくうねったり、揺れたり、爆発したりと、人の理解を超える不気味な恐ろしい力もしばしば働きます。古の人びとが生をまっとうするには、そうした生きものや力とうまく折り合っていくしかありませんでした。その場合、森は、人が身の安全を願い、豊穣・豊漁を感謝するとともに、森の存在をむやみに冒さないよう、人が畏《おそ》れあがめ、みずからの傲慢《ごうまん》を戒めるという、祈願と崇拝と畏怖《いふ》の対象だったのです。

◎生きものの倫理

ところが、社会の近代化は、人びとの暮らしぶりを大きく変容させました。あえて危険を冒してまで海や山に入らなくてもすむようにしたい、必要なものや欲しいものが何でも、いつでも豊富に、できるだけ少ない費用と労力で手に入るようにしたい。人間の側の理屈と利害関心に基づく目的とに合わせて、つまり合理的・合目的的に、人びとは道具や機械や技術を開発し、周りにあるすべてのものごとのあり様を変えていきました。その結果、いまや私たちの生活は、かつてとは比較にならないほど、安全で、効率のよい、便利で、楽で、快適なものとなっています。

その一方で、森は、人間による開発の対象となり、人間の理屈と利害関心に合わせて切り売りされるようになりました。神社の森も、明治政府が全国の神社を格づけし、無格や低格とされた神社を合理化（＝リストラ）して国家神道の体制を整備したことによって、おびただしい数の森が伐採されたといわれています。近代以降の日本における人間の合理的・合目的的な自然の開発と社会の整備は、それまで切り離しがたく結びついていた人びとの生きる営みと森とのつながりを断ち切っていったのです。

現代の日本では、森と疎遠な日常生活を送る人びとが少なくありません。にもかかわらず、森に好感を抱いたり、懐かしさや憧れを覚えたりする人びともまた少なくないのではないでしょうか。『もののけ姫』や『となりのトトロ』が、公開から一〇年あるいは二〇年以上たったいまもなお、子どものみならず大人を含む多くの人びとの間で高い人気を博していることは、その一つの証左かもしれません。では、現代の人びとは、森の何に対して好感を抱いたり、懐かしさや憧れを覚えたりしているのでしょうか。

その答えの一つが次の引用文の中にあります。「森の中で、あらゆる生命は、自己の欲望にすなおに生きている。…（中略）…局所的な闘いは、いろいろなところで発生している。ところが、それはめったなことでは破局にいたらない。ここでは、ひとつひとつの生命が、自己にすなおでありながら、おたがいの間にすがすがしい倫理の関係が築かれているように感じられるのだ」（中沢新一『森のバロック』せりか書房）。中沢新一がこう述べているように、森の中では、すべての生きものがそれ自身として生きるために精いっぱいの力で活動しながら、たがいに調節しあうことで一定の秩序を保ちつつ、多種多様な他の生きものと共に生きています。このあり様をここでは「生きものの倫理」と呼ぶことにしましょう。人間による合理的・合目的的な開発や整備では実現することのできない、いいえ、むしろそれが破壊してきた生きものの倫理を目の当たりにするとき、人びとはそこに人間が立ち還るべき倫理の原型、あるいは人間がこれから実現するべき倫理の理想形を見い出して、好感を抱いたり、懐かしさや憧れを覚えたりするのではないでしょうか。

◎森で子どもが経験すること

まさにこの生きものの倫理のあり様を、森のようちえんの子どもたちは日々、経験しています。

森は、子どものために作られたところではありません。子どもが歩きやすいように整備された道も、けがをしないように角や尖端をとった木や石などもありません。小さな虫でも、生命の危険を感じれば、かみついたり針で刺したりして、力のかぎり抵抗します。植物もトゲやかぶれる汁をもっていますし、葉の陰には何が潜んでいるかわかりません。森で力いっぱい楽しく遊ぶ子どもたちは、おのずから森とそこに棲む生きものに合わせて、頭も体もフル活動させて、いろいろな工夫と配慮をしています。

また、森には、子どもの発達段階に合わせて、ある特定の方法で、ある特定の能力を開発するために作られたおもちゃもありません。木の幹、木の枝、切り株、草、花、葉っぱ、石、土、砂、水、そして風。これらの形や大きさ、色、におい、固さ、さわり心地、にぎり心地、ふったりたたいたりして出る音、たまに味を、子どもたちは五感をフルに活用して確かめながら、それらに合わせて、また同時に自分の身長や手足の大きさや出せる力に合わせて遊びます。

その際、能力の優劣で子どもたちが順位づけされることはありません。たとえば、木登りの得意な子は木に登り、上からロープをたらし、苦手な子は、そのロープにぶら下がり、振り子のように揺らします。ロープが揺れるたびに木の枝が上下左右に動いて、木の上の子は綱渡りさながらの気分を味わいます。ロープが外れないように、揺らす力が強すぎも弱すぎもしないように、おたがいに調節しあって初めて楽しく遊べます。何か一つのことを基準にして、それができるからよい、できないからだめだ、というのではなく、共に楽しく遊べるように、どの子どももおたがいに工夫と配慮をすることが大切なのです。

ここに述べてきたような生きものの倫理は、人間のためにのみあるわけではない森の中で、それぞれの子どもが自分のもつ力をめいっぱい発揮しながら、森とそこに棲む生きもの、そして仲間とおたがいに調節しあいながら、失敗し、悩み、悔しい思いや痛い思いをしながら、共に楽しく遊ぶ、という経験を通して初めて学ぶことができます。それは、言葉だけによる教育やあらかじめ想定された正解により早くたどりつくのをよしとする合理的・合目的的な学習では、けっして身につきません。

◎おわりに

近代以降の人びとは、人間にとって安全で便利で快適な世界を実現しようと懸命に努力してきました。そうして合理的・合目的的に開発し整備してきたはずの自然環境や社会環境には、今日、解決への見通しが立たない問題と課題が山積しています。これからの時代に、私たちは、人類社会の中で、地球環境の中で、宇宙の広がりの中で、どのように生きて暮らしていくのか。これを考えるのに、生きものの倫理は何らかのヒントを与えてくれるかもしれません。森のようちえんで遊びながら生きものの倫理を学ぶ子どもたちを見守り、大切に育むという経験を通して、大人たちもまた生きものの倫理を学び（直し）、子どもたちと共に生きる未来のあり様を模索しているのです。

第13章 なぜ、いま、森のようちえんなのか

子どもと共に詩的に大地に住まう方法として

岐阜大学 今村光章

◎子どもへの願いを見直す契機としての森のようちえん

私たちは、子どもにどんな願いを抱いているのでしょうか。

たとえば、道徳性を備えた立派な人格者になってほしいと願います。当然です。「人格の完成」は教育の目的ですから。しかも、できるだけ早く、無駄や失敗なく「いい大人」になれるようにと願います。それは正当な願いでしょう。その願いに根本的な間違いはありません。

ただ、効率を過度に重要視しすぎると、子どもは十分に子ども期を味わうことができません。遊びこむ時空を体で感じることや失敗をしでかすこと、少々の「悪」を経験することなどができなくなるおそれがあります。てっとりばやく大人にならなくてもいいでしょう。それにフツーの大人になってもいいのです。子ども時代を満喫し試行錯誤するプロセスも大切な体験だと考えれば、効率よく「いい大人」にしようとする願いが揺さぶられます。子どもを子どもとして成熟させることも必要だと気づくのです。

もう一つ例を挙げるとすれば、子どもに学力をつけさせようと願うことがあります。いい成績をとっていい大学に進学し、稼ぎのよい「いい労働者」になることも大切でしょう。その願いも健全です。結果として、「いい消費者」になれますから。ある意味では、豊かで快適で便利な生活を楽しむ人生が「い

い人生」なのでしょう。ですから、学力を求めることもあながち誤りではありません。

ところが、地球環境問題の深刻化で、そうした「所有の豊かさ」が享受できなくなるかもしれません。しかも、その魅力が次世代の子どもたちには色あせてみえてきているのかもしれません。そのため、未来の所有の豊かさを優先しすぎると、子どもは妙な違和感を覚えるかもしれません。

むろん、経済的な豊かさを求めることを否定するわけではありません。しかし、それと並んで大事な「存在の豊かさ」があることに気づくことも重要です。つまり、子どもが自己を中心として、①天と地、すなわち超越者や自然と共に在ることを体感すること（天と地という垂直方向）、同時に、②自分と他者との境界がなくなってしまうかのように関わること（人間社会という水平方向）、そして、③なによりも自分らしい自分になること（自分自身という内奥方向）――そうした垂直・水平・内奥方向の次元の存在の豊かさに気づくことも大切です。こうしたもう一つの生き方の豊かさがあってこそ、人生が奥行きのある立体的なものになります。私は、その豊かさの一つが森での体験だと考えています。

かつて、魚を与える教育よりも、魚の捕り方を教える教育が重要だといわれました。いまは、魚を捕る意欲をわかせる教育や、魚を捕ることの意味を共に考え発見できる教育が必要だと考えられます。子ども自身が生きる人生に情熱をもつことを教えなければならない時代になりつつあります。そのため、生きることに情熱をもってほしいと願う親もいるでしょう。

しかし、生きる情熱を教えることは容易ではありません。子どもに思いやりをもってほしいとか、他者との協調性を身につけてほしいとか、そういった願いもあります。しかし、そうした要素を子どもに直接的に教えようとしてもなかなか教えられません。情熱に触れ情熱が育ち、思いやられることで思いやりが育つといわれます。ですから、子どもを育てるプロセスで焦らず、教育的意図をもちすぎず、生きることに深みと豊かさと情熱をもつ保育者（保護者を含む）が介在する環境が必要だと考えます。

こうしてみると、子どもへの願いを見直す手がかりが森のようちえんにあることがわかると思います。常識的な教育目的を考えなおすきっかけが森のようちえんでもあるのです。

◎子ども観を揺るがす森のようちえん

森の中で自然物を観察する子どもたちの忍耐力は素晴らしいものです。気づきや観察眼の鋭さに驚きます。自然の仕組みについて、総合的に学んでいく力は大人を凌駕《りょうが》している部分さえあります。教えなくても、子どもは鋭い観察眼で総合的に自然を学びます。

森の遊びを作り出す子どもたちの意欲や情熱、自主性や創造性、共感力と忍耐力、協調性と社会性、言語的・非言語的コミュニケーションの充実ぶりにも驚かされます。森の中で倒木と大きな石でシーソーを作り出し、みんなであれこれ工夫します。そのときの活動は複雑で協同的でとても高度です。それでも、子どもたちは遊びばかりではなく、自分で自分たちの生活も織りなしていくのです。子どもの思いにとことん寄り添い、時に最低限の援助をするだけで、子どもたちはたくましく育ちます。

仲間に対する思いやりや優しさ、何気ないけれども温かい言葉がけに、驚くこともあります。逆に、子ども自身の中の葛藤場面も仲間とのケンカも、もちろんあります。ときにはひどい言葉も手も出ます。でも仲直りして、相手の立場に立つこともでき、人間性を身につけていくのです。

子どもは未成熟で未完のかよわき存在ではありません。子どもたちは、自分で考え、自分で自分の遊びと生活を創ることができ、自分で人間性を身につけて人間に変容することができるたくましい存在です。その意味では、森のようちえんは子ども観の変容を迫ります。

◎保育方法と関わりを立体化する森のようちえん

「させる保育」「見せる保育」。教師主導の一斉保育で、同年齢集団の子どもたちに何かの活動をさせる。時に、その活動を保護者や他の保育者にも見せる。そうした活動は幼稚園や保育所で珍しいものではありません。いけないことでもありません。同年齢集団の一斉の集団指導はある程度必要でしょう。

「危ないから、だめ!」。頭ごなしに教えこむ場面にも遭遇します。そんな言葉が出てしまう環境に置かれている保育者たちもいます。それを責めたり禁止したりすることはできないでしょう。

それでも、異年齢集団の自由保育の形態で、子どもの思いを大切にする幼稚園や保育所もあります。行事が少なく、運動会さえ開催しない幼稚園もあります。危なっかしいことをする子どもを見守る保育者も、少々の「悪」なら意図的に見て見ぬふりをする保育者もいます。森のようちえんの保育者には限りません。また、どちらか一方が優れているというわけでもありません。けっして森のようちえんに限るわけではありませんが、現在普及し主流となっている保育方法とは異なる形式があることを、森のようちえんは思い出させてくれます。

たとえば、ここで森のようちえんの保育者たちの言葉で、その方法と関わりを記述してみましょう。

――基本的態度としては、「はじめに子どもありき」で「子どもを信じて待つ」。だから、保育の現場では「自ら遊びを創り出す力」も「いのちやつながりを感じる力」も「本能としての助けあい」も、リクツ抜きでぐっと信じる。保育援助の具体的場面では、「唯一の先生は自然」と受け止め「大事なことは言葉で言わない」。長期的視野から、「いま、ここ」の子どもたちの「ありのままの生活」から保育を組み立てる。個々の子どもたちに「あなたはあなたのままでいいのよ」と受容し、力強く「一人ひとりの〝いま〟を支える」。自己肯定感を育てる。だから、森のようちえんには「生きることのすべて」がある。——

実は、幼児だけが集団で森にでかけるだけでは、子どもは育ちません。森で、教師主導の一斉保育ばかりしていても子どもはそれほど育たないでしょう。小学生以上のガキ大将を中心とした異年齢集団が遊ぶ冒険遊び場のようなところなら別ですが、大人がいないと幼児は育たないのです。

幼児からは見えないように巧妙に隠されてはいますが、広くて深い意図がある保育者の存在があり、一つひとつは些細だけれども、絶妙な関わりがあるからこそ、幼児は育ちます。たとえば、小動物を殺し続けている子どもがいたとします。保育者は無表情でも無関心でも、ニコニコ笑ってばかりでもいられません。やはり、価値判断力と道徳性、経験と文化と伝統を背負った大人として介在します。言葉以外の伝達手段で、たとえば表情で、残酷だからやめてほしいと願いつつ介在するからこそ、言葉はかけなくても、子どもたちは生きるうえで大事なことを学ぶのです。

森のようちえんの保育者は、安全管理だけを第一にして、環境を整えているわけではありません。言葉以外のもので、子どもに価値判断を押し付けているわけでもありません。なによりも、子どもの心の中の絵を一緒に見ようとします。ディープに子どもの心に寄り添います。

野に咲く花を見るとき、私たちは救われます。幼児は、「見て、見て！」と一緒に見ることへと保育者をいざないます。小さな花を見たり、赤い南天の実を一緒に見たりして、見つめあい、にっこりする。子どもが大人を育てているのです。それが子どもと「共に在る」ことであり、保育者や保護者にとっての「存在の豊かさ」の学びにつながります。

森のようちえんの保育方法は、いまの保育に深みと奥行きをもたせ、立体化するともいえます。私たちは、教育の目的や子ども観、保育方法を評価する「モノサシ（基準）」をもっていますが、そのモノサシの精度をチェックする機会を与えてくれるのです。

◎みんなで決めることができる森のようちえん

大人たちが運営する森のようちえんにはさまざまな困難がつきまといます。森のようちえんでは、幼稚園教育要領も保育所保育指針も設置基準もないところから、保育内容を考えていかなければなりません。

けれども、森のようちえんの保育実践に対する思い入れや価値観は大きく異なることがあります。運営者と現場の保育者たち、それに保護者の思いと「いま、ここ」にいる子どものキモチもくみとらないといけません。そうしたことに留意しながら、関係者らが意見表明をし、それを受け止め、情報を共有し交換しながら合意を形成して、方針を決定し保育実践に向かう。そのプロセスには気が遠くなるぐらいの手間とヒマがかかります。メールなどの通信技術が発達しているからこそ、かえって、それが手におえないほど複雑化し肥大化します。そこでくじけそうになることもあるのです。

しかし、森のようちえんは見方を変えれば民主主義を学ぶ学校なのです。誰もが平等に意見を言える風通しのよさ。その意見を受け止める共感力と度量の深さ。合意形成をする正当なプロセスの構築。決めたことを実践できる実行力。――そういったものを大人が学ぶ場所でもあるのです。あちこちで運営をめぐって対立が起こるのはけっして悪いことではありません。私たちが真に民主主義的で社会的な公平さをもって、共に森のようちえんを運営するために通らねばならないイバラの道なのです。

子どもの生命と安全と健康を守り、バランスよく、時に、愛情と学びと遊びを与え保証するならば、森のようちえんでは、保育内容も方法も原則として拘束される規範はありません。自由に保育することができるのです。ですから逆に、際限のないかのような自由度が足かせになることもあります。

また、従わなければならない法律や組織、伝統や文化がないのは魅力です。ですが、逆にいえば、森のようちえんは守られていないともいえるのです。事故があっても、森のようちえんの保育者を守ってくれる法律や組織、保護者以外の支持者はあまりいないのです。そんな厳しさを乗り越えて保育者は森の保育を続けなければなりません。

森のようちえんの運営に関して、一番の難点は経済面です。補助金で運営したり、ＮＰＯや認可型の園にしたりすることもできるでしょう。現状のままだと、経済的な自立は遠い道のりになるかもしれません。なるべくなら、普通の幼稚園や保育所同様の経済的な援助がほしいとは思います。それには政治的な動きが必要で、最終的には制度化ということになります。それは大きな魅力です。

逆に、制度化されて認可型になれば、自由度がなくなり民主主義を学ぶ学校という意味合いも薄れるおそれがあります。法律や設置基準ができ、経済的に守られるようになっても、保育者たちの自主性と自律性が守られるようにしなければ、森のようちえんの魅力が損なわれます。難しいですが、法律的かつ経済的援助は享受しながら、自由度と自治を認めていただかなくてはなりません。

◎詩的に大地に住まう方法としての森のようちえん

いま、なぜ、森のようちえんなのでしょうか。

たしかに、森のようちえんには、環境教育や「持続可能な開発のための教育（ESD）」としての意義もあるという解釈もあるでしょう。市民が保育を自給自足するためのレッスンという見方もあるかもしれません。実証的に教育的意義を数えあげ、予見される社会的効果を訴えることもできるでしょう。

しかし、保育者たちは、子ども以外の何か別の壮大な目的のために森のようちえんを実践しているわけではないのです。合理的理由など見当たりません。あったとしても言葉で説明できないのです。

それにもかかわらず、なぜ、私は魅了されているのでしょうか。問いを少しずらしてみましょう。正面から答えていることにはなりませんし、一般論にもなりません。ですが、私に限っていえば、森のようちえんが「詩的に大地に住まう方法」だから魅了されていると受け止めています。

かつて、ヘルダーリンという詩人が、「価値に満ちて　かつまた詩的に　この大地に住まう」という生き方があることを示しました。この詩をハイデガーという哲学者が高く評価して、現代的な生活が完全に「非詩的」であると指摘しました。つまり、私たちの生活に測定や計算が過剰であるというのです。いい換えれば、現状について実証主義的にデータ化し、その切り取られたデータを土台として予定や計画をたて、自然へ関われば、思うがままにすべてをコントロールできるという「非詩的」な考え方が普及しているのが現代社会なのです。この考え方は、シゴトの目線でものをみることや「労働の原理」

――すなわち、効率性や合理性、金銭優先で物事を考えること――にもつながります。ですから、ともすれば実証も制御もできないことがあることを忘れがちです。

振り返ってみれば、私たち保育者も、幼児の成長や発達を測定し計算して、思いどおりにコントロールしようとしてきたのかもしれません。ところが、測定や計算を抜きにして、感性的かつ共感的に子どもと共に在ることに喜びを見いだすような保育もあることに気づかされます。他者や自然や動植物ともつながり、シンフォニーを奏でるように生きる「詩的に住まう」という言葉がそれを示しています。

大震災が起こり、津波が人々を飲みこみました。コントロールできると考えられてきた原子力発電所も制御できなくなっています。科学的な実証や予測など、あらゆるものがあいまいになり、豊かで快適な生活や科学や技術も見直さなくてはならない時代です。主流の保育も見直す必要に迫られています。

直言すれば、「子どもと共に詩的に大地に住まう」のは、時間も空間も、できる限り緩やかにして、しかも、子どもを意図的、計画的に教育する意識を少なくして、子どもの思いにとことん寄り添い、その可能性を信じ、共に大地で生活そのものを楽しむことではないでしょうか。幼児さながらの生活を、教育者が目指す生活を手段として（生活で）、あるべき理想的な生活に（生活へ）――「生活を生活で生活へ」ということを実践する場が森のようちえんなのです。そこに合理的理由や目的はほとんど不要なのです。

本章では、「なぜ、いま、森のようちえんなのか」という問いを立てました。しかし、最後になるとその問いの立て方に無理があったとわかります。森のようちえんに理由はなく、ただ、それが、子どもと共に詩的に大地に住まう方法だといえるだけなのです。

第14章

日本型？ 森のようちえん

「生まれたばかりの赤ん坊」が目指しているところ

森のようちえん全国ネットワーク 運営委員長 内田幸一

二〇〇七年に東京で開催された第三回森のようちえん全国交流フォーラムを契機に、交流フォーラムへの参加者がほぼ全国から集まる傾向がみられるようになりました。これまでまったくつながりをもつ機会もなく、どこにどのような森のようちえんが存在しているのかもわからない状況のなかで、草の根的な広がりをみせる森のようちえん。「森のようちえん」という響きのよい名称には、多くの人たちを引きつける魅力があるのかもしれません。

森のようちえん全国交流フォーラムも回を重ねるごとに参加者数は増加し、熱心な参加者による熱のこもった交流の渦が巻き起こっています。そして誰もが次回の交流フォーラムでの再会を約束して会が終わります。

そんな躍動感あふれる森のようちえんの広がりはどこへ向かうのか？ また一つひとつは弱小な森のようちえんであるがゆえの不安と模索、そして対照的な熱意と純粋さ、まるで生まれたばかりの赤ん坊のような姿の日本の森のようちえん。まだ誰にも把握されていないその全体像や森のようちえん自体がいったいどのように定義されるのかも定まらない。誰も明解な答えをもたないなかで産声をあげ、成長しはじめた森のようちえんに対してどのように向き合うべきなのか。

私たちは偶然、森のようちえんという初子を手にしてしまいました。わずかばかりの経験しかない私たちにどれほど上手に育てられるかはわかりませんが、多くの人たちのつながりのなかで森のようちえんを育てる方法をみつけようと考えました。二〇〇七年第三回森のようちえんの全国交流フォーラム東京において、森のようちえん全国ネットワークの準備会が組織され、全国的なネットワークの組織づくりを、二〇〇八年第四回の森のようちえん全国交流フォーラムを目標に具体化を進めました。

現在、日本の森のようちえんは毎年開催される「森のようちえん全国交流フォーラム」と「森のようちえん全国ネットワーク」という両輪を得て前へ進みはじめました。草の根的な市民活動として全国に広がる森のようちえん、活動形態や運営方法、保育内容もそれぞれであり、一定の定義づけがされているわけでもなく、明解に説明するには困難な多様性があり、共通性もあり、まだまだ整理するには時間がかかることでしょう。

ただ、今現在、私がいえることとは、森のようちえんは誰のものでもなく、子どもの成長を願いまじめに子どもに向き合うすべての人のものであり、何にも増して森のようちえんが幼児期の子どもを育てるに十分な可能性をもっていると確信する人たちの思いによって支えられた活動であるということです。

そして、本書への寄稿は森のようちえん全国ネットワーク運営委員長として、私の経験や知識に照らし合わせながら現在の日本の森のようちえんを俯瞰《ふかん》的な視点からとらえ、「日本型？　森のようちえん」と題して書かせていただきます。森のようちえんの現状を知っていただければと願っております。そして今後の森のようちえんの発展のための一助になればこれ以上の幸せはありません。

◎森のようちえんという表現の特別な魅力

前述しましたが、森のようちえんといういい方には特別な魅力があると私も思っています。しかし、日本には森のようちえんという名称ではなく、森などのさまざまな自然環境を背景にして保育活動が行われていた事実があります。それも相当昔からで四〇年以上前、私が保育者として関わった活動でも、そうした活動は行われていました。さらに文献をひもとけば、より時代をさかのぼることができます。しかし、現代の森のようちえんと過去のそれらの活動には確かな違いがあると考えています。それは時代の変化の岐路とも重なると私は考えています。こうしたいい方をするだけで察しのよい方なら何をいわんとしているのか十分におわかりかと思います。

現在はそれが誰にでも確かなこととして感じられます。地球の資源は有限で地球環境の保全には一人ひとりが関わっていること、未来に対して私たちに責任があること、そして持続可能な社会をどうつくるのか悩みながらも希望を抱いていること、子どもたちにつけを残さないためにも、大人としてしてあげられることに真剣に努力する人たちが増えました。不安を消し去ることはできなくとも、やれることをやる。現在はそんな時代で、誰もが個人を大切にし、自らが少しでもよい方向へ動こうとする時代です。日本の森のようちえんはそうした時代の中で産声をあげたといえます。

一九八〇年代、私が森のようちえんの活動を始めたころの日本は、経済成長著しい時代でエコロジーも自然保護も経済優先に押しつぶされるような時代でした。森の中での幼児教育より知育・英才・早期教育などが好景気に支えられ大手を振るっていた時代でした。私の森のようちえんはまるで時代を逆行することのように思われていたことでしょう。

しかし、子どもの真の成長を考えれば、いや、いい方を変えたほうがいいでしょう。子どもと肉薄して毎日を過ごしてきた者にとっては、子どものもつ可能性や人間性、それも良質な面をのばす方法は、知育・英才・早期教育とは別の世界にあると確信できたのでした。とはいっても確かに時代が早すぎた感はありました。しかし、三〇年の時を経た今、それは立証されたと私は思っています。

◎これまでの時間の流れの中で

三〇年の時間の流れの中で世の中ではさまざまなことが起こりました。それらが現代の幼児教育にも少なからず影響を及ぼしていることは間違いありません。特に子育ての新たな形として森のようちえんが注目を集めてきたことはその象徴的な出来事といえるでしょう。知育・英才・早期教育などや既存の幼稚園と保育所で行われている保育活動に対して疑問を感じたり、それほどの魅力を感じないで別の何かを求めたりする人たちが、新たに出現した森のようちえんに思いを重ねているように思われます。

そして、母親たちが行動をおこし、森のようちえん型の自主保育として、母親自身の手による保育活動が各地で行われています。森に代表される屋外でのこうした活動は、数人の子育て仲間が集まれば誰にとってもスタートさせやすい活動ですし、はじめは幼児教育などと肩ひじ張らずに遊び仲間づくりや子育て仲間の集まりとして気軽にスタートしたのかもしれません。それが森という環境に幼い子どもを出すことで、普段では見られない子どもの生き生きとした姿に出合うきっかけとなり、多くの人たちがその魅力にとりつかれるのです。

◎森のようちえんの教育効果

野外活動のしやすい季節に、居心地の良い森の中で子どもたちとゆっくりした時間を過ごし、子どもたちがのびのびとそれも穏やかに、それでいて子ども自身がさまざまな自然に興味をもち動く姿は、本来子どもがもつ子どもらしさやたくましさを感じさせるばかりか、幼子がまるで森の妖精となって、そこにいるのが当然と思えるような錯覚すら覚えます。

そして季節はめぐり、折々の天候にも影響されることなく無邪気に遊ぶ子どもたちは、日を追うごとにたくましさを増し、体力の向上や行動の積極さ、前向きさを現します。それらは誰にも現れ、すべての子どもに共通した姿としてリアルに感じることができます。これは森のようちえんの第一の効果と私は呼んでいます。

たしかに、森のようちえんの教育効果はまだまだ他にもあります。しかし、教育効果を検証する確かな研究は、私の知るかぎりでは日本では行われていないのが現状です。まだまだこれからの研究テーマといったところでしょうか。とはいうものの実践者・保育者の視点からとらえた森のようちえんの効果について、経験的、感覚的に観察されたもののなかから得られたものをここに挙げておきます。

●多様な自然環境の中で活動し行動することで、体への直接の刺激が与えられ、歩く、走る、登る、飛び降りる、ぶら下がるなどさまざまな身のこなしが充実します。子どもたちが日常過ごす森の中は斜面が多く、不整地であり凹《くぼ》みや水たまり、木の根や切り株、落ち葉や枝などが地面にはあります。そうしたなかで遊び走り回り過ごします。雨のときはぬかるみや滑りやすい所もできます。木登りや斜面滑り、立木にかけられたロープやネットなど揺れる遊び場でもよく遊びます。こうした環境で日常的に過ごすことにより、さまざまな体の使い方を行い、身のこなしに器用さが現れます。

●自然環境の中での行動の積み重ねにより、体の発達にまで影響し均整のとれた体格を得るまでになります。三歳、四歳、五歳と年数を重ねるなかでその体形も確かな変化を見せます。丸みを帯びた三歳児の体形は四歳、五歳と成長するうちに身のしまった体形に変わり、柔軟さと機敏さを備えます。どの子にも肥満傾向がみられないのも特長です。

●体力は向上し体を動かすことへの抵抗感は薄れ、疲れを訴えることもなくなります。野外でのさまざまな遊びはどの子にとっても活発に体を動かす機会を与えます。森へ出かける散歩や雪の中でのソリ遊び、クロスカントリースキーは楽しさと体力向上の二つを自動的に与えてくれます。どの子からも体を動かすことへの抵抗感は感じられません。

●健康な体と精神面の強さを備えた前向きさをもちます。体力が備わったという自覚や健康になったという実感は子どもたちにはないでしょう。体を自由に動かし自らの意志で行動を起こすことが、自分の遊びの欲求を満足させることを経験的に子どもたちはつかみとっているようです。遊びに対する積極さは、やがてその他の行動に対しても積極的で前向きな様子をみせます。

●森のようちえんの活動を通じて子どもたちは、自然のさまざまな事象やそこにある動植物と出合い、自然に対する認識を深めます。森や野原、河原遊びや登山、散歩などで季節や天候の変化に気づく機会が多く、暑さ、寒さ、森の四季、景色の違いを実体験します。昆虫をつかまえ草花を摘みます。動植物やその他の自然物を実際に手にする機会は常にあります。それが何であるかより、実物に向き合うことがそれ自体を知る機会になります。

●自然の中に出ることで子どもたちの興味が多様になります。自然の中にあるさまざまな物に出合い、自然の不思議さや自然の奥深さにどの子たちも興味を示します。興味の対象は一人ひとり違っても、その子なりの興味の世界は広がり、やがて発見や気づき自体が自分の中からわき上がる面白さを感じるのでしょう。好奇心旺盛な子どもたちの様子からは、発見や気づきが学びへとつながることを実感できます。

●子ども同士の人間関係において相手の気持ちを受容したり、子ども同士が助け合い、年長者が年齢の小さな子の手助けをすることが多く認められます。森での遊びは、一人ではなく相手をさそって遊ぶ場面が随所に見られます。物を見たてて遊ぶ場面が多く、内容を言葉で伝えあいながら遊ぶ様子が見られます。小さな子ができないことや困った様子に対して年上の子が声をかける。そうした子ども同士の言葉のやりとりも豊富で充実していきます。

●年長者が取り組んでいることを見て年齢の小さな子がそれを同じように行おうとすることで、小さな子たちの能力が向上してしまう。子ども同士の間では年齢による差はほとんど意識されていないためでしょう。逆に自分もやろうと思う意欲が前面に出て、小さな子たちのできることが増す傾向が見られます。森の中での多くの体験は、そうした傾向に合うものが多いことも一因です。急な斜面を登ったり、倒木の上を渡り歩く、ツタにぶら下がる、登り降りのある道を歩くなど、前向きに意欲的な動きを見せる子にとってはやってできないことではありません。そうした森の中での達成体験は生活面のことにも影響し、意欲的に自分で行おうとする様子を生み出し、できたという自信がすべてにおいて働き、全体的な向上を促します。

森のようちえんの教育効果は総合的です。森のようちえんの教育効果は相互に絡み合って現れますので単純には表現しにくいところがあります。運動機能の向上、精神面の安定、言葉の表現力、発想力や集中力、子ども同士の人間関係にまで影響し、その子の成長全般につながっていきます。

身のこなしよく動く自分の体を子どもは自覚することはありませんが、外での活動、体を使っての遊びに意欲的に取り組みます。動くことをおっくうがることもなく、ますます身のこなしはよくなり、自由に動く体と体力がどんどん得られます。保育者が自分を認めていつでも受け入れてくれる安心感は、保育者に甘えるといった態度よりは、むしろ自分から行おうとする態度として現れます。

意欲的で前向きであり、素直に気持ちを表し、自分の気持ちを言葉にします。安定した気持ちの状態が人との関係でもよい方向に働き、年齢の違いを自覚し、年長者は手本となる動きを見せ、年の小さな子は大きな子のことを意欲的にまねようとします。

森の中でのさまざまな遊びや体験を日常的に行うことで、これらのことが子どもの中で起きていることを保育者は多くの場面で感じることでしょう。ここでは保育者自身が子どもたちの中で何が巻き起こっているのか予測し、成長につながる様子をつぶさにとらえ、適切な関わりをもつことが大切です。子どもたちが行っていることは「意味のない」「時間つぶし的なことではない」ことを保育者が気づき、見守ることが大切です。そして保育者の関わりや用意する活動が、これらのことを促進するものであるよう心がけなければなりません。保育内容や活動を構成するうえでこれは大切な視点であり、保育活動の有効性や意味を考える観点といえるでしょう。

◎森のようちえんの目指しているところ

そして、森のようちえんでも他の幼児教育機関での保育活動もその目指しているところは同じであることも忘れてはなりません。幼児教育の目標が活動形態によって変わるものではないことは当然のことです。ですから、そして幼児教育は、一人ひとりの成長や個性を大切にすると同時に集団的な教育を行っています。「個人」と「集団」との境界や状況に応じた優先、個人と集団の対立性ではなく自覚的な協調を生む行動意識を育てる指導が行われる必要があります。

幼児期に集団の中でのシンプルなルールに従うことやグループを意識した行動を自ら行うことに慣れる機会をつくることで「個人」と「集団」についての認識を深めることが可能です。

森のようちえんの活動は外見的には集団的な教育活動としての面が見えづらかったり、保育者の中にも集団教育の意識を曖昧もしくは迷いながら行っている傾向が見られます。それは森のようちえんが一斉保育や保育者による規制の多い保育活動に対するアンチな保育活動であるといった誤認があるためかもしれません。どのような保育活動であっても、幼児教育としての有効性や効果について機会をつくって検証を行い、自分たちの保育活動の改善を行う必要があります。

完璧な保育活動などどこにも存在しませんし、森のようちえんの活動においてもこれは同じことであり、つねに検証は繰り返されるべきです。保育者の経験の違いや経験の長短による子どもたちへの関わりの違いは当然あります。個々に違いを見せる子どもをどう受けとめるのか、どのような活動を提供するのかは、保育者のキャラクターにも大きく影響を受けます。

そのうえ森のようちえんは、野外の活動であり閉じられた空間ではないことも手伝って、子どもの自主性を重んじようと人為的な活動や保育者による規制をできるだけ行わないようにする傾向があります。しかし、適時臨機応変な関わりをもたねばならない場面でも必要な手だてが講じられないという表裏一体の関係があることにも保育者は意識をしなければならないでしょう。森のようちえんにおける保育者の役割や立場、子どもとの関わり方は簡単に説明できるものでないことは確かです。今後、実践者間での議論を深めるなかでこうした課題を明らかにしていくことが大切でしょう。

日本の森のようちえんは冒頭に申し上げたように生まれたばかりの赤ん坊のようなものです。内容的な質の向上、保育者の力量も磨かねばなりませんし、充実した活動が行えるための環境整備や安定運営ができるための社会化も進めなければなりません。森のようちえんをどう定義するのかもまだまだです。

しかし、森のようちえんの広がりの勢いは増すばかりです。この大きな動きの中で実践者一人ひとりがより深く考え、多くの人とのつながりの中で意見を交換する必要があります。森のようちえんを大切に思っている皆さんがその当事者であることを忘れないでください。

おわりに

森の保育を語るのはたやすいことではありません。森のようちえんは、保育理念も内容も、運営体制も多種多様です。しかも、その土地と風土と子どもたちと切り分けられません。身土不二《しんどふじ》です。その地に共に存在しなければ、なかなか本当に理解することはできません。保育内容や理念を言語化することすら容易ではないのです。

ですから、森のようちえんの多彩な活動をこのような短い一冊の書物に収めることはとうてい無理なことです。ここに書かれたのは、日本で実践されている森のようちえんのごく一部に過ぎません。

それでも、ある程度は森のようちえんの保育者の生の声をお届けできたと信じています。前著の『森のようちえん』は、「**広がれ！　森のようちえん**」という気持ちで送り出しました。本書は、「**深まれ！　森のようちえん理解**」という願いと共に送り出したいと思います。

執筆者の皆さまには、普段の保育でたいへんお忙しいなかをぬって、玉稿をお寄せいただきました。写真家の砺波《となみ》周平さんをはじめ各園の皆さまには、数多くの素晴らしい写真をご提供いただきました。この場を借りまして、心よりお礼申し上げます。また、編集と出版にあたっては、前著に続き、尾上年秀さんに大変お世話になりました。ありがとうございました。

皆さまとどこかの森のようちえんで出会えることを祈っています。

編　者

執筆者一覧（執筆順 *編者）

今村光章*（いまむら みつゆき）…はじめに、第13章、おわりに
1965年　滋賀県大津市生まれ
1996年　京都大学大学院教育学研究科博士後期課程修了
現　在　岐阜大学教育学部准教授　博士（学術）。専門は、幼児教育学、環境教育
単　著　『環境教育という〈壁〉』（2009年 昭和堂）、『アイスブレイク入門』（2009年 解放出版社）、『ディープ・コミュニケーション』（2003年 行路社）
編　著　『環境教育学』（2012年 法律文化社）、『森のようちえん』（2011年 解放出版社）ほか

嘉成頼子	（かなり よりこ）	三重県●森の風ようちえん 園長…第１章
中島久美子	（なかじま くみこ）	山梨県●森のようちえんピッコロ 代表…第２章
西澤彩木	（にしざわ さいき）	滋賀県●せた♪森のようちえん 代表…第３章
浅井智子	（あさい ともこ）	岐阜県●自然育児 森のわらべ 多治見園 園長…第４章
小林直美	（こばやし なおみ）	愛知県●森のたんけんたい 代表…第５章
野村直子	（のむら なおこ）	神奈川県●横浜市認定 家庭的保育室 もあな☆ちいさな木 園長／森のようちえん Little Tree 代表…第６章
原 淳一	（はら じゅんいち）	新潟県●Akiha森のようちえん 園長／株式会社 原常樹園 代表取締役…第７章
西村早栄子	（にしむら さえこ）	鳥取県●NPO法人智頭町森のようちえん まるたんぼう 代表…第８章
兵等弥生	（ひょうどう やよい）	高知県●高知県認定こども園 学校法人日吉学園 もみのき幼稚園・めだか園 なんでもやる課 課長…第９章
大矢美佳	（おおや みか）	岐阜県●学校法人渡辺学園 ながら幼稚園 教諭…第10章
白戸渓子	（しらと けいこ）	京《みやこ》エコロジーセンター…第11章
岡部美香	（おかべ みか）	京都教育大学…第12章
内田幸一	（うちだ こういち）	森のようちえん全国ネットワーク 運営委員長…第14章

ようこそ！　森のようちえんへ　自然のなかの子育てを語る

2013年11月25日　第1版 第1刷発行

編著者　今村光章

発　行　株式会社 解放出版社
552-0001 大阪市港区波除4-1-37 HRCビル3F
TEL 06-6581-8542　FAX 06-6581-8552
東京営業所　101-0051 千代田区神田神保町2-23 アセンド神保町3F
TEL 03-5213-4771　FAX 03-3230-1600
振替 00900-4-75417
ホームページ http://kaihou-s.com
装幀・口絵レイアウト　森本良成
本文レイアウト　伊原秀夫
印刷・製本　㈱国際印刷出版研究所

ISBN978-4-7592-6761-7 C0037 NDC376 118P 21cm
定価はカバーに表示しております。落丁・乱丁おとりかえします。

森のようちえん　自然のなかで子育てを

今村光章 編著

A5判 176頁＋口絵7頁 定価1,900円＋税　ISBN978-4-7592-6746-4

四季を通じて、森などの自然豊かな場所で子どもを保育する。いきいきと遊ぶ子どもたちの姿を描写し、その保育の魅力と可能性を存分に伝える。日本とドイツの活動を紹介。

アイスブレイク入門　こころをほぐす出会いのレッスン

今村光章 著

A5判 96頁 定価1,200円＋税　ISBN978-4-7592-2342-2

これで、氷のような集団を和やかな雰囲気に変えられる！　合コンやパーティー、ワークショップ・ファシリテーション・教育活動・市民活動・仕事の場など見知らぬ人どうしの和やかな出会いを演出する技術をイラストでやさしく紹介。

およぐひと

長谷川集平 作

B5判上製 32頁 定価1,600円＋税　ISBN978-4-7592-2260-9

3・11、失ったものの大きさに慄然とする。報道をはじめ私たち大人は、何をしただろう。何ができたのだろう。私たちは何を求めているのか、鋭く問いかける長谷川集平の絵本世界。

子育て、ひとりで悩まないで　ばあばの応援メッセージ

冨田久子 著

四六判 142頁 定価1,200円＋税　ISBN978-4-7592-6754-9

教師生活や自身の子育て孫育て体験から、失敗や反省、感動や学びを具体的に綴るエッセー。親や教師に向けた優しいエールは学校・地域が一つになったサポートに気づかされる。

ええきもち　ええかんじ

トッド・パール 作　**つだ ゆうこ** 訳

A4変型判上製 32頁 定価1,800円＋税　ISBN978-4-7592-2247-0

心地よさは、自分らしく生きる何気ない日常にある。お互いが認め合える大切な居場所、ありますか。カラフルでポップなトッド・パールの絵本を翻訳。英語を併記。3歳～大人。